Virgínia Rodrigues

A PESSOA CERTA

1ª edição

Rio de Janeiro | 2023

Copidesque	**Diagramação**
Thais Entriel	Ilustrarte Design
Revisão	**Design de capa**
Renato Carvalho	Renata Vidal

CIP-BRASIL. CATALOGAÇÃO NA PUBLICAÇÃO
SINDICATO NACIONAL DOS EDITORES DE LIVROS, RJ

R617p

Rodrigues, Virgínia
A pessoa certa : manual da astrologia para amor, parcerias e relacionamentos / Virgínia Rodrigues. - 1. ed. - Rio de Janeiro : BestSeller, 2023.

ISBN 978-65-5712-232-7
1. Amor - Miscelânea. 2. Companheiro conjugal - Escolha. 3. Astrologia. I. Título.

22-79942   CDD: 133.581524
CDU: 133.52:159.942.52

Meri Gleice Rodrigues de Souza - Bibliotecária - CRB-7/6439

Texto revisado segundo o novo Acordo Ortográfico da Língua Portuguesa.

Copyright © 2023 by Virgínia Rodrigues.

Copyright da edição © 2023 by Editora Best Seller Ltda.

Todos os direitos reservados. Proibida a reprodução,
no todo ou em parte, sem autorização prévia por escrito da editora,
sejam quais forem os meios empregados.

Direitos exclusivos de publicação em língua portuguesa para o mundo
adquiridos pela
Editora Best Seller Ltda.
Rua Argentina, 171, parte, São Cristóvão
Rio de Janeiro, RJ — 20921-380
que se reserva a propriedade literária desta obra.

Impresso no Brasil

ISBN 978-65-5712-232-7

Seja um leitor preferencial Record.
Cadastre-se e receba informações sobre nossos lançamentos e nossas promoções.

Atendimento e venda direta ao leitor:
sac@record.com.br

Dedico este livro à minha família e aos meus melhores amigos, que estiveram comigo quando tudo parecia escuro, me ajudando a reencontrar a luz que há dentro de mim. Obrigada por nunca terem soltado a minha mão.

Ao meu amor, meu Sol, que inspirou cada reflexão aqui contida. Obrigada por me transformar em alguém de quem me orgulho. Você é a minha inspiração.

Aos meus alunos, que sempre me deram força para continuar. Amo vocês genuinamente.

À Larissa e à Gabriela Prioli, que, através da amizade e generosidade do coração gigantesco que possuem, acreditaram em mim desde o princípio. Sem vocês, nada disso existiria.

Por fim, e mais importante, ao meu Poder Superior, que sempre cuidou de mim e tornou esse sonho real.

SUMÁRIO

Introdução	9
Capítulo 1 – A pessoa certa	15
Capítulo 2 – Sol	29
Capítulo 3 – Lua	77
Capítulo 4 – Vênus	109
Capítulo 5 – Marte	139
Capítulo 6 – Lilith	169
Capítulo 7 – Encontrando a pessoa certa	191

INTRODUÇÃO

Você está disponível.

É um sábado ensolarado, você está usando sua roupa mais bonita e seu perfume favorito. Então, você vai a um bar e se senta ao lado de uma cadeira vazia: *Será que é hoje? Bem que poderia ser agora.* Bem que poderia entrar pela porta um amor novinho em folha, feito só para você. Como aqueles amores de filmes. Bem que poderia!

A sensação de ser amado por alguém faz com que nós, momentaneamente, nos sintamos os seres mais especiais e únicos do mundo.

Encontrar um amor nos faz acreditar que tudo *finalmente* se encaixa. Toda a eternidade, todo o espaço, toda a história da sociedade, Einstein, Newton, a Grécia Antiga, o Império Romano, os dinossauros, Adão, Eva e Spielberg — tudo existiu para *possibilitar* que o encontro da nossa alma com a daquela pessoa acontecesse.

O *nosso* encontro.

O amor reduz a Lua a confidente de sussurros, promessas e segredos ditos ao pé do ouvido durante a madrugada. As estrelas tornam-se velas acesas pelo quarto, lançando uma meia-luz sobre as roupas espalhadas pelo chão, tiradas às pressas. O Sol nasce todas as manhãs *apenas* para proporcionar um caloroso beijo de bom-dia.

Nós até nos tornamos um tanto quanto comunistas.

Políticos.

Tudo fica a serviço do nosso amor; Passamos a apoiar invasões e apropriações. Não há mais direitos sobre os logradouros públicos ou estabelecimentos privados. A rua em que nos encontramos não pertence mais ao município, ela agora é *nossa*.

As memórias desse encontro se espalham e se apropriam de cada esquina, cada poste, cada número e cada prédio. Nós *usucapimos todos os lugares em que nos amamos*. Somos os novos proprietários desse pequeno universo criado por nós.

Sinto muito, prefeitura.

Quando o amor acontece, temos a sensação de que fizemos alguma coisa certa, alguma coisa boa; temos a sensação de experimentar um *Big Bang* interno — o que não costuma acontecer sempre. A vida parece nos preparar para esse momento.

O amor nos faz sentir agraciados pelos Céus, lembrados pelas divindades e observados pelos anjos e arcanjos — que assistem a esse encontro, enfileirados, tocando uma sinfonia, uma verdadeira orquestra. O Céu todo se reúne, com o nosso nome estampado nas camisetas. Baldes de pipoca, litros de refrigerante, tudo pronto para que possam aplaudir o encontro que dá sentido às almas e suspirar por um par. Aguardam silenciosamente o encontro de dois olhares que vieram ao mundo para se cruzar.

A sensação é de que todo o Universo cultua aqueles segundos. Todas as estrelas brilham e louvam em sincronia. Todos os planetas tornam-se bailarinos. Todas as lendas ganham vida. O amor é uma epifania dos Céus.

Parece, no entanto, que o amor não é chegado a clichês.

O "eu te amo" mais bonito que ouvimos não costuma ser dito em uma data especial, comemorada em um restaurante chique, com um jantar à luz de velas. O amor não vai se apresentar no fim de semana em que decidimos que chegou o momento de nos abrir novamente. O amor não é uma visita previsível: ele chega quando quer, vem para ficar por tempo indefinido e é um hóspede bastante exigente.

Nossos encontros mais significativos não são determinados por critérios objetivos, como o tempo de duração ou o status que a relação obteve; são aqueles encontros que transformam parte de nós mesmos, através das dores e alegrias, os que mais nos marcam.

Somente amando descobrimos como somos capazes de tudo. Se nos dissessem, após uma briga, que ir de joelhos até o Equador nos traria a pessoa amada de volta, trataríamos de correr e comprar uma boa joelheira. Ou melhor, compraríamos no caminho, para nem perder tempo.

É amando que aprendemos a ser humildes, a reconhecer nossas falhas e nossos erros, a lidar e amadurecer com nossos defeitos e equívocos para sermos cada vez melhores.

Quando nos abrimos verdadeiramente ao encontro com o outro, podemos identificar em nós mesmos quais são os nossos receios e as nossas inseguranças, antes escondidos em uma parte de nós que nem sabíamos existir.

O encontro com o outro é capaz de nos fazer olhar para partes de nós mesmos de que não nos orgulhamos e genuinamente desejar melhorá-las e até mesmo evoluir. Esta é uma capacidade intrínseca ao verdadeiro amor: a humildade em querer ser melhor para si e para aquele que desfruta da sua companhia.

É nesse contexto que a astrologia se encaixa perfeitamente.

Conhecer o próprio mapa astral nos permite entender o que buscamos em um relacionamento, por que buscamos determinadas coisas e como desfrutar das nossas relações da melhor forma possível — não por estarmos carentes ou fugindo de nós mesmos, mas porque aquele encontro vai nos fazer transbordar e nos tornar capazes de evoluir.

Compreender o nosso mapa astral nos confere poder de escolha. Concede-nos a capacidade e a segurança de dizer "não" a relações que não são saudáveis e, finalmente, nos permite estar disponíveis para compartilhar a vida com aqueles que realmente desejam estar ao nosso lado.

De modo semelhante, conhecer o mapa astral daqueles com quem vamos nos relacionar — ou já estamos nos relacionando — nos ajuda a entender qual o propósito dessa relação em nossa vida e quais desafios internos e externos vamos enfrentar. Em que aspectos vamos precisar ser pacientes e flexíveis? Como saber se alguém realmente está interessado em nós? Quais sinais essa pessoa nos envia? O mapa astral nos traz respostas concretas para todas essas dúvidas.

A minha experiência com a astrologia me mostra que dentre as maiores razões que levam uma relação a chegar ao fim está o fato de não reconhecer que o outro tem interesses, vontades, formas de expressão emocional, hábitos e receios diferentes dos nossos. Temos o costume de presumir que o outro é como nós e tem as mesmas visões sobre a vida que temos. Por vezes, porém, o que é considerado vital e essencial para um, pode ser considerado dispensável para o outro.

Não apenas no que tange os relacionamentos românticos, conhecer as prioridades e os desejos de alguém, no campo profissional, familiar ou da amizade, nos garante harmonia e equilíbrio ao lidar com o grande desafio que é aprender a nos relacionar.

A ideia deste livro, portanto, é possibilitar ao leitor, de modo prático, conhecer a si mesmo, seus desejos confessos e ocultos, bem como permitir um conhecimento mais amplo daquele com quem deseja se relacionar.

Ao fim deste livro, você vai compreender que não somos perfeitos, e que sempre há espaço para melhoria e crescimento. Você também vai ser capaz de compreender e escolher aqueles com quem pretende aprofundar suas relações, ciente de suas inseguranças, seus medos e desejos, demonstrando empatia por esses aspectos.

Ao aceitarmos os defeitos do outro, nos tornamos humildes e abrimos caminho para que nossos defeitos sejam trabalhados e corrigidos.

Para isso, vou usar alguns exemplos pessoais, sempre preservando a identidade dos envolvidos e utilizando nomes fictícios.

Minha sugestão, portanto, é que você utilize este livro como um guia para si mesmo, retornando a ele sempre que considerar necessário compreender a vastidão que reside no universo que é o outro.

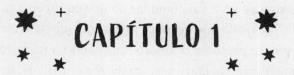

CAPÍTULO 1

A PESSOA CERTA

Eu sou o tipo de pessoa que conta a vida por amores. Sou daquele tipo que, se você me perguntar o que estava acontecendo na minha vida quando eu tinha certa idade, provavelmente vou me lembrar, primeiro, da pessoa com quem eu estava me relacionando na época.

Sou daquelas pessoas novelescas. Eu me entrego totalmente ao amor.

Vou sem medo, sem receio — ou cheia de medos e receios —, mas nunca me impeço de viver tudo o que uma história pode oferecer. Talvez, com a maturidade, nós venhamos a aprender a pular fora um pouquinho mais rápido. Vamos aprendendo a distinguir os sinais com mais facilidade. Sabe aqueles indícios que adoramos ignorar? Pois é. Eles mesmos.

Com relação a essas histórias — as minhas experiências no amor —, o que posso dizer é que oito anos atrás eu estava arrasada. Havia terminado um namoro de cinco anos, ouvindo do meu ex-companheiro que eu *não o conhecia bem o suficiente* para fazer aquele relacionamento dar certo (seja lá o que isso signifique). "Eu sou escorpiano, leia sobre o meu signo e você vai entender do que eu preciso em uma relação." Naquela fase de amor jovial, em que tudo ao nosso redor parece prestes a desmoronar quando o romance acaba, sequei minhas lágrimas, sentei-me em frente ao computador e digitei "Sol em Escorpião" no Google. Entre um brigadeiro e outro, descobri a astrologia.

Foi assim que entendi que meu ex-namorado realmente tinha razão: eu não fazia ideia de quem ele era. Naquele dia, compreendi que tanto eu quanto ele éramos seres infinitamente mais complexos do que eu poderia prever.

Não é como se nós não soubéssemos disso de modo intuitivo; acontece que a astrologia escancarou as nossas diferenças diante dos nossos olhos. Naquele dia, percebi algo a que eu nunca tinha realmente dado atenção: nós somos seres completamente distintos. Não apenas meu ex-namorado e eu, mas cada um de nós.

Nós somos totalmente diferentes.

Se você refletir sobre essa frase por alguns minutos, vai perceber quão poderosa é a compreensão de que não somos nem pensamos de modo idêntico, independentemente do quanto nos identificamos com alguém. Justamente para estampar as nossas diferenças, Deus, a natureza ou essa força universal que não somos capazes de nomear, deixou escancarada já na nossa aparência que não somos iguais.

Não adianta, cada um de nós é único.

Então, agora me diga, por que acreditamos que, ao nos relacionar com alguém, todas essas diferenças se perdem e o outro é obrigado a nos compreender e saber exatamente quem somos, o que nos agrada, quais são os nossos limites, o que queremos ou deixamos de querer? Já pensou que loucura? Que trabalho enorme esse pobre ser tem para existir no momento em que desejar nos amar!

E, ainda por cima, soma-se a isso toda a bagagem emocional que ele já traz. É um baita trabalho.

Bem, voltando à minha história. Meditando sobre as nossas diferenças, diante do Google, percebi, também, outra questão importante.

Nós chegamos a um mundo que já existe. Você e eu abrimos os olhos e surgimos aqui. Embora possamos teorizar sobre o estado anterior — se há ou não reencarnação, se existe ou não livre-arbítrio —, não podemos deixar de observar que são apenas hipóteses. Não sabemos como chegamos até aqui. Muito menos como iremos embora. Deus, natureza, Universo, chame como quiser: o fato é que a vida não nos pertence. O controle dessas questões não está à nossa disposição. Veja bem, a natureza nos ensina o tempo todo que o controle sobre a vida é apenas uma fantasia. A única certeza que temos é de que os ciclos têm início e fim. No fim das contas, só temos a nós mesmos e a nossa principal função é descobrir como existir dentro dessa enorme peça divinamente orquestrada da qual somos atores convivendo com outros atores, todos sem ensaio, sem um roteiro.

Por mais que desejemos segundas chances, elas nem sempre estão ao nosso alcance. Então, quem sabe, seja possível vermos as pessoas, histórias e situações com as quais cruzamos de uma nova perspectiva? Quem sabe possamos interpretá-las como instrumento de crescimento e desenvolvimento da nossa força interior? A astrologia nos ajuda a colocar as experiências vividas em sua devida função: como ímpeto para existirmos. A verdade é que, apesar dos nossos dissabores, o Sol continua surgindo no horizonte todos os dias, a Lua segue seus ciclos e suas fases, a natureza continua fluindo em seu movimento, independentemente de nós e das nossas tristezas. Aquela pessoa por quem você se interessou não ligou quando você esperava? Aquela passagem aérea promocional não estava disponível? O emprego dos seus sonhos acabou ficando para outra pessoa? Pode ter certeza, amanhã o Sol vai raiar outra vez. Física e metaforicamente. E essa é a beleza da vida. Diante de toda a imprevisibilidade, dentro deste movimento no qual fomos lançados, nesta orquestra divina em que fomos inseridos como protagonistas dos nossos sentimentos, só nos resta compreender quem, de fato, somos.

No dia em que este meu relacionamento chegou ao fim, constatei que uma das ferramentas mais poderosas para compreendermos a nossa função neste mundo é a astrologia. Conhecer o meu mapa astral me permitiu experimentar ainda mais entusiasmo por estar viva e por encarar o desafio que é viver. E quanto àquele namorado? Ele tinha razão. Eu não o conhecia.

Mas não era intencional: eu também não *me* conhecia.

Quando passei a me valer da astrologia, tive prazer em voltar a me dedicar ao maior empreendimento que possuo: a minha vida e a forma como reajo diante daquilo que não está no meu controle. (Isso vale para você também.)

Meu contato com a astrologia ocorreu, como contei anteriormente, em um contexto um tanto peculiar. Minha busca estava relacionada a outra pessoa, mas descobri que eu também era uma incógnita, um universo inteiramente desconhecido, para mim mesma.

Portanto, vou listar aqui três regras que aprendi sobre a astrologia e me ajudaram quando iniciei os meus estudos: a primeira é que você pode até começar essa jornada empreendendo uma busca sobre o outro, mas, a partir do momento em que se depara com seu mapa astral, imediatamente vai pensar: sou um ser complexo demais.

O seu mapa astral vai expor as suas necessidades e dar sentido àquilo que você deseja, mas não sabe explicar por quê. Vai ajudá-lo a explicar ao outro, de forma objetiva, o que você precisa para ser a sua melhor versão ao lado dessa pessoa. Vai permitir que você compartilhe o que precisa para se sentir satisfeito, ou o que não pode faltar de jeito algum e o que é totalmente descartável e sem valor na sua opinião. E é aí que entra a beleza da vida: de posse desse tesouro a respeito de si mesmo, você vai passar a olhar para o outro a partir de uma perspectiva inteiramente nova, que contemple as necessidades dele.

Eis aqui a segunda regra básica sobre a astrologia: você nunca mais será capaz de enxergar o outro da mesma forma. Ao compreendermos que somos seres muito complexos, em constante evolução, que temos medos os quais desconhecemos, segredos que escondemos até de nós mesmos, cargas que suportamos — e não só as nossas — e limitações que inconscientemente aplicamos às nossas ações, somos forçados a conceber que todo esse processo também está acontecendo dentro do outro.

E é aqui que a magia acontece.

É neste momento que o amor pode realmente começar a florescer. É aqui que a vida passa a ser mais do que nossas dores e nossos anseios. É neste ponto que a vida mostra que o nosso brilho pode ser muito mais bonito do que se imaginava: existe outro ser, que, por alguma razão que não entendemos, está ali, compartilhando com a gente uma parte desta existência e possibilitando que possamos sair transformados após esse encontro.

Ao encontrar alguém, podemos ver refletidos em seus olhos nossos sonhos, nossas metas, nossas fantasias, nossas vontades e nossos desejos. Esse alguém representa para nós a abertura de uma porta que, se transposta, poderá nos fornecer uma variedade de alternativas desconhecidas. Após cruzarmos essa porta, é impossível sairmos do mesmo jeito.

Mesmo que não seja o objetivo inicial, não saímos a mesma pessoa depois de um encontro. Cada palavra trocada, cada sensação provocada, cada sentimento aflorado, tudo isso nos transforma em uma nova pessoa. Compreender o nosso mapa astral nos permitirá, portanto, assimilar o que o outro pode nos ensinar e nos auxiliar a trabalhar em nós mesmos.

E, de modo semelhante, em que podemos auxiliar o outro a trabalhar em si mesmo? Por que passamos a fazer parte da história daquele indivíduo? Qual o papel dele em nossa história? Por que a nossa presença se tornou significativa para ele? Ninguém cruza o nosso caminho de maneira aleatória; nenhum de nós se encontra por mero acaso.

Compreender o nosso mapa astral nos permite, portanto, compreender o que nos atrai no outro, o que buscamos em um relacionamento e quais fatores são essenciais para que o vínculo afetivo aconteça e prospere. Caso esses elementos estejam ausentes, ainda que exista amor, é possível que a relação não resista por muito tempo. Por exemplo, digamos que você ame viajar e até tenha estabelecido a rotina de tirar férias duas ou três vezes por ano para realizar sua paixão. Porém, em determinado momento, você conhece alguém que ama ficar em casa. Alguém que nunca cultivou o hábito de viajar ao longo da vida e, por isso, não considera algo prioritário. Essa pessoa prefere investir em um lugar confortável, fazendo pequenas reformas com certa frequência, a gastar com passagens e hotéis. Inegavelmente, o choque de prioridades entre vocês vai ser um ponto que vai demandar atenção no relacionamento. Se ambos não estiverem dispostos a compreender o que é importante para o outro, e, assim, não cederem em suas prioridades, um dos dois poderá desanimar ao se sentir forçado a mudar a própria essência.

Tendo em vista que se relacionar nada mais é do que equilibrar dois universos diferentes que desejam compartilhar bons momentos e juntos concretizar promessas de alegrias, conhecer o seu mapa astral e também o do outro vai lhe possibilitar ganhar tempo e eficiência para viver seu relacionamento com toda a plenitude que ela pode te proporcionar. Esta, portanto, é mais uma habilidade que a compreensão do seu mapa astral vai lhe garantir compreender: identificar do que se trata o amor e como encontrar a tal pessoa certa, expressão que dá título a este livro. De posse dos conhecimentos da astrologia, você vai estar sempre ao lado dessa pessoa, pois é aquela que está ali, naquele momento, dividindo uma parte da existência com você. Independentemente de quanto tempo o relacionamento durar. Ela é certa para aquele momento e para o aprendizado que a sua alma topou experienciar aqui na Terra.

Tornar-se a pessoa certa é estar disponível a ser instrumento de crescimento na vida do outro. É estar disponível para a troca e para o que pode florescer daquela relação, independentemente do que ela venha a se tornar.

Abandonamos o medo (irreal) de perder essa pessoa, pois estar com ela acaba por abolir qualquer sentimento de posse. Ela vai permanecer em nossa vida o tempo que for necessário para que possamos cumprir nosso propósito juntos.

Então paramos de brigar com o destino, de dar murro em ponta de faca, de nos humilhar por respostas: alcançamos o entendimento de que a resposta vai chegar na hora certa, tal como foi o momento vivido por vocês. Era o certo e precisava acontecer da maneira como aconteceu. E é aqui que surge a terceira regra da astrologia e, talvez, a mais importante: conhecer o seu mapa astral vai permitir que você mesmo comece a suprir todas as suas necessidades, para que se relacionar com o outro seja apenas o complemento, uma forma de transbordar a própria companhia.

Explico.

Ao compreendermos quais são as nossas necessidades básicas — por exemplo, sentir a segurança de que o outro não vai embora, não vai trair a nossa confiança, não vai nos deixar a qualquer momento —, ou seja, ao identificar esse padrão em nosso mapa astral, poderemos trabalhar nossas crenças e nossos medos e entender que, embora possam vir a se concretizar, tais circunstâncias não vão nos destruir.

Ao compreendermos nossos medos e nossas fraquezas, poderemos aprimorar nossas limitações para tornar a vida mais leve e prazerosa.

Quando deixamos de projetar nossos medos no outro, exigindo que atenue todas as nossas inseguranças, nos tornamos capazes de esperar, apenas, que ele venha a somar no relacionamento, e abrimos espaço para aprender, viver e nos desafiar com aquele ser cheio de novas possibilidades.

Creio, realmente, que a astrologia é a ferramenta com que a espiritualidade nos presenteou para que possamos evoluir e compreender quem somos dentro desta vivência terrena.Vivemos uma experiência espiritual dentro da vida real. Que tal, portanto, abrir-se às experiências que se mostram a você, a partir de um novo olhar? Como oportunidades e bênçãos disfarçadas, sempre a seu favor, e não com medo do que possa dar errado?

Vem comigo, vamos aproveitar o máximo possível desta experiência que é estar vivo. Vamos nos tornar a pessoa certa para nós mesmos e nos permitir viver relações mais leves, saudáveis e plenas. Vamos encontrar, a partir da astrologia, a compreensão de qual é a missão de cada um e de cada relacionamento na nossa vida. O princípio fundamental de toda a astrologia guarda referência com um antigo preceito hermético, denominado "princípio da correspondência", e que está, também, na base dos preceitos do cristianismo: há uma sincronia entre os acontecimentos que ocorrem na Terra e no céu — logo, "assim na Terra como no Céu". A astrologia se baseia na ideia de que nós e a natureza temos ciclos que se repetem. Nascer durante um determinado ciclo nos permite concluir que há uma relação direta entre nós e tudo o que estava acontecendo naquele momento. A observação dos padrões planetários por milhares de anos nos permitiu concluir que existe uma relação de correspondência entre o tipo de acontecimento que ocorre na Terra e a posição dos planetas naquele determinado período. Por exemplo, se nos referirmos a Marte, há uma conexão com conflitos; se falarmos a respeito de Vênus, há diversos tipos de relação envolvidos; se mencionarmos a Lua, lidamos com o passado; se abordarmos o Sol, nos defrontamos com questões paternas.

Observar tais padrões nos permite constatar que há uma relação de repetição que pode ser verificada, não uma relação de causalidade.

Entendo, portanto, que a sua personalidade venha a se desenvolver de acordo com os acontecimentos que decorriam no instante do seu nascimento. O céu, portanto, é a referência da sua missão ou do seu propósito na Terra. Sua personalidade deverá atender a essa missão, e os desafios encontrados no caminho fazem parte daquilo a que você veio ao mundo desenvolver.

Bom! Chega de blá-blá-blá! Se você chegou até este livro — e até esta parte —, tenho certeza de que já deve estar convencido(a), no mínimo, a dar uma chance à astrologia. Vamos começar o seu "ritual de iniciação"! O mais importante agora é que tenha em mãos o seu mapa astral, e isso é mais fácil do que você imagina. Vamos ao passo a passo!

- Passo 1: separar a certidão de nascimento! Você vai precisar de seus dados (data, hora e local) de nascimento — e quanto mais exatos forem esses dados, melhor. Se não souber o horário em que nasceu, você pode procurar um astrólogo, e ele conseguirá estimar o horário aproximado do seu nascimento, a partir das características identificadas na leitura do seu mapa astral.
- Passo 2: corra para o Google! Existem diversos sites ótimos para gerar o seu mapa na internet. Dentre as opções gratuitas, recomendo o *astro.com* e/ou *astrolink.com*. É importante que você insira a hora de nascimento exatamente como está registrada em sua certidão[1].

---

[1] Estes sites não necessitam de alteração no horário do nascimento caso você tenha nascido durante o período de vigência do horário de verão. Se você utilizar outros sites para gerar o seu mapa astral, é importante pesquisar se a cidade onde nasceu estava sob vigência do horário de verão obrigatório, pois, em caso afirmativo, você deverá subtrair uma hora (-1h) do horário descrito em sua certidão. Por exemplo, se na sua certidão consta que você nasceu às 20h05 e a sua cidade, naquela data, estava sob vigência do horário de verão, você deverá inserir no software ou no site o horário de nascimento como 19h05.

- Passo 3: mãos à obra! Minha experiência diária atendendo como astróloga tem me mostrado que a chave para o sucesso das nossas relações está na compreensão de cinco posicionamentos astrológicos: Sol, Lua, Vênus, Marte e Lilith.

Há outros posicionamentos importantes em nosso mapa astral, mas, como o nosso foco é nos relacionamentos, faremos um recorte temático para estudarmos aqueles que são essenciais quando se trata de compreender a pessoa certa.

Com o seu mapa em mãos, busque identificar em qual signo está cada um destes posicionamentos e escreva na tabela abaixo. Para facilitar o seu trabalho — e porque ninguém está aqui para brincadeira — já vou deixar um espacinho para você escrever os posicionamentos da pessoa que quer analisar. Recomendo anotar a lápis, assim você pode preencher a tabela quantas vezes quiser.

PLANETA	SÍMBOLO	SIGNIFICADO	SIGNO PESSOA A	SIGNO PESSOA B
SOL	☉	SER, ESSÊNCIA, RECONHECIMENTO		
LUA	☾	REAÇÕES, SENTIMENTOS, EMOÇÕES		

VÊNUS	♀	AFETIVIDADE, ATRAÇÃO, PREFERÊNCIAS		
MARTE	♂	CONQUISTA, INICIATIVA, GUERRA		
LILITH	⚸	DESEJOS OCULTOS, SEGREDOS, SOMBRAS		

Tudo pronto? Agora vamos entender o que significa, na prática, cada um desses posicionamentos que você preencheu. Astrologia, como qualquer estudo, é prática e repetição. Em breve você estará calculando o mapa de todos à sua volta, do motorista de aplicativo, do garçom do restaurante, do porteiro do seu prédio, da sua melhor amiga, do seu *crush*... É um caminho sem volta!

Consulte-o sempre que tiver dúvidas a respeito de qual direção seguir.

Dedique-se à astrologia e ela se dedicará a você.

É hora de encontrar respostas.

CAPÍTULO 2

SOL

Agora que você já tem o seu mapa astral em mãos, vamos começar a observar o que é necessário, levando-se em consideração a astrologia, para dar sentido às relações.

Para isso, é imprescindível destacar alguns conceitos importantes.

Na astrologia, cada planeta vai, metaforicamente, simbolizar uma função da nossa personalidade. A forma como cada pessoa sente, pensa, age, tudo isso se explica por meio dos planetas.

Podemos levar em conta todos os aspectos do planeta para compreendermos a influência que ele tem nas nossas funções psíquicas: seu tamanho, seus movimentos, sua formação geológica, seus satélites etc. Todas essas características são relevantes.

Os signos, por sua vez, vão representar as características responsáveis por como uma pessoa lida com cada função da sua personalidade, já que exteriorizam os traços dela.

O nosso Sol está localizado em um dos 12 signos do zodíaco, e cada signo apresenta características e qualidades próprias.

Para representar as funções da personalidade de uma pessoa, a astrologia utiliza os planetas. Cada um deles tem uma função específica no nosso mapa astral relacionada à nossa personalidade. Vamos conhecer, neste livro, os planetas fundamentais e, assim, aprender a nos relacionar da melhor maneira possível com aqueles com quem convivemos.

O primeiro planeta — ou função da personalidade — que merece a nossa análise na astrologia é o Sol, a estrela central do nosso Sistema Solar; ele ainda é, talvez, o mais importante para a nossa abordagem.

Quando alguém diz ser de um determinado signo, o que essa pessoa está querendo dizer é que o Sol dela tem certas características comuns a determinado grupo de pessoas. São essas características que nos apontam aquilo que ela considera realmente importante e essencial em sua vida, e também que influenciam a forma como ela se expressa.

Vamos imaginar o Sol, exatamente como o conhecemos na escola — eu me lembro de fazer uma maquete do Sistema Solar e colocá-lo bem ali, imponente, com um destaque maior que o dos demais planetas, que o rodeavam.

O Sol tem como funções principais iluminar e aquecer. Ele traz brilho e nos torna espontâneos, com mais vontade de sair e curtir a vida, além de nos presentear com aquela sensação agradável do seu calor na nossa pele. Esse planeta nos faz sentir vivos.

Dias sem o Sol, em geral, nos deixam mais reclusos e introspectivos, e tendemos a permanecer dentro de lugares fechados ou cobertos. O Sol energiza, expande, tem o poder de nos fazer sair de casa.

No que diz respeito à astrologia, o nosso Sol tem essas mesmas funções. Ou seja, o seu Sol — ou, como é popularmente conhecido, o seu signo — demonstra tudo aquilo que é essencial para você. Tudo o que é necessário para que você se sinta pleno, iluminado, entusiasmado, irradiando vida.

O seu Sol evidencia a característica mais admirável da sua personalidade; aquela que precisa sobressair em você para que se sinta plenamente reconhecido e que, quando brilha, faz todos ao seu redor se sentirem sensibilizados e contagiados.

Conhecer o nosso Sol e as nossas necessidades nos permite compreender *o que precisamos identificar em nós mesmos como característica principal da nossa personalidade.*

Naturalmente, a pessoa com quem nos relacionamos vai desejar que a reconheçamos em virtude das características do signo que está posicionado em seu Sol, isto é, ela requer justamente que a admiremos por essas características, e que possamos ajudá-la a se lembrar de suas qualidades nos dias difíceis.

Conhecer o Sol do outro nos possibilita compreender o que ele considera essencial em todos os setores da vida além de nos permitir listar tudo aquilo que, se faltar, vai tornar seus dias menos felizes, vívidos ou animados.

Cabe, então, levar em conta alguns questionamentos quando estamos analisando o Sol do outro: ele precisa que a vida seja uma grande aventura ou os acontecimentos precisam lhe parecer estáveis e duradouros? Ele se arrisca com mais facilidade ou precisa de tempo para se sentir seguro e atuar em prol de seus objetivos? Eu preciso reconhecer e dar espaço para sua autonomia ou garantir que ele se sinta acolhido? Preciso admirar as suas ideias ou minha presença no dia a dia já é suficiente, mesmo sem uma constante reafirmação?

Tendo em vista as características de cada signo e para melhor compreender os efeitos do seu Sol, vamos responder às principais questões a seguir:

1. Quais são as três características mais elogiadas e destacadas da sua personalidade?
2. Qual a característica mais marcante na pessoa com quem você se relaciona ou em quem está interessado?
3. O que você mais admira na pessoa com quem se relaciona ou em quem está interessado? E em si mesmo?
4. Em qual signo está o seu Sol? E o da pessoa analisada?

Sol em signos do elemento fogo (Áries, Leão e Sagitário)

Quando pensamos nos indivíduos com o Sol localizado em signos do elemento fogo devemos ter em mente o que eles trazem junto de si proveniente desse elemento: a sensação de calor. Sendo assim, podemos afirmar que essas pessoas são mais "esquentadas": ativas, impulsivas e com uma dose maior de impaciência e irritabilidade quando comparadas às pessoas dos demais signos. Costumam agir e falar sem pensar, o que deve ser observado para que se evitem atitudes drásticas e, por vezes, irreparáveis, tomadas no calor do momento.

São pessoas naturalmente explosivas e pensam primeiro em si e nos seus desejos, o que pode conduzi-las a demonstrações de egocentrismo e autoritarismo. Além disso, são orgulhosas e impetuosas, mas possuem bastante brilho, assertividade, atitude e firmeza. Tendem a ser mais dominantes dentro de seus relacionamentos, o que exige do outro uma postura mais flexível e adaptável para evitar conflitos constantes — porém efêmeros —, característica marcante dos signos de fogo.

■ **Sol em Áries**
Nascidos a partir de:[2] 21 de março

---

[2] Os dias que iniciam e finalizam o período em que o Sol transita por um determinado signo não são fixos. As datas citadas a seguir — no início da seção de cada signo neste capítulo — são aproximadas e podem sofrer variações anualmente, sobretudo em anos bissextos. A tentativa de padronizar os signos por datas surgiu no século XX, com o astrólogo inglês Alan Leo, e tinha como objetivo facilitar a compreensão da astrologia para o público leigo. No entanto, este tabelamento não é correto, pois o mais importante para a determinação de um signo não é o dia em que a pessoa nasceu, mas, sim, o horário. Duas pessoas que nasceram no mesmo dia, mas em horários diferentes podem apresentar signos diferentes. Para saber a hora correta do seu nascimento, confira a sua certidão, já que esse documento possui o dado mais aproximado registrado.

Palavras-chave: iniciativa; liderança; assertividade; honestidade; espiritualidade; fé; decisão; pioneirismo; dedicação; ação; impulsividade; pressa; agressividade.

Os arianos são capazes de despertar uma ambiguidade muito interessante em nós. Podemos amá-los e odiá-los na mesma medida. Mas acabamos por amar na maior parte do tempo. No entanto, quando eles começam a nos pressionar para fazermos o que desejam, no calor do momento, é difícil lembrar que os amamos. Eles testam a nossa paciência, e é impossível que sua presença passe despercebida.

Quando uma pessoa nasce com o Sol no signo de Áries, devemos nos preparar para encontrar um furacão em forma de gente. Trata-se de alguém que nunca para; parece seguir sem que nada nem ninguém possa ficar em seu caminho, enquanto simplesmente tentamos acompanhá-lo. Arianos não têm tempo a perder. Querem tudo de forma imediata. Dificilmente recusam uma oportunidade. Estão sempre prontos para nos encorajar e incentivar. Na verdade, talvez *incentivar* não seja a melhor palavra: eles mais parecem nos empurrar do penhasco para começarmos a correr atrás dos nossos sonhos. O ariano simplesmente sabe. Ele tem uma intuição tão poderosa que reconhece quando o outro tem tudo dentro de si para vencer, mas está com medo de dar o próximo passo.

Aquele que nasce com o Sol em Áries, em geral, é explosivo, belicoso e provavelmente diz muitas coisas desagradáveis no calor do momento. Tem plena consciência de que a vida é uma batalha que se trava sozinho. Para ele, o essencial é a autonomia.

No caminho pode até encontrar indivíduos com quem dividir seus fardos, mas nada faz um ariano se sentir mais realizado do que a perspectiva de olhar para trás e ver que ele, por conta própria, acreditou em si e isso foi o suficiente para conquistar tudo aquilo o que desejava.

É fundamental que você acredite no ariano e o apoie nas suas decisões. Embora sejam independentes, precisam de colo — mas dificilmente admitem isso.

Essa galera veio ao mundo para fazer *absolutamente tudo* o que der na telha. Suas melhores resoluções são aquelas nas quais escolheram acreditar, mesmo quando não havia qualquer prova concreta de que era a direção certa a seguir. Como se jogam no mundo sem pensar, apenas pelo simples fato de sentir tal impulso, é comum que no meio do caminho tentem entender a razão pela qual empreenderam determinada jornada. No entanto, toda a intensidade de Áries é proporcionalmente efêmera. O ariano é aquele que vai dar o impulso, mas depois precisa de alguém que o mantenha no caminho e que o relembre do motivo de ter decidido iniciar tal trajetória.

Arianos tendem a ocupar muito espaço, não costumam pedir licença e podem até fazer o outro se sentir acuado, pois não respeitam seu limite e seu ritmo. Isso ocorre não por acharem que os demais são incapazes de cumprir determinadas tarefas, ou que não a estão realizando da maneira correta, mas simplesmente porque entendem que se tomarem o controle da situação para si ela vai ser resolvida. E esse é o seu objetivo quase instintivo.

Ao se sentirem irritadas, as pessoas de Áries precisam aprender a parar e refletir se a sua reação vale mesmo a pena

— considerando que são impulsivas e cheias de iniciativa —, para que possam perceber se estão comprando brigas desnecessárias ou se estão reagindo a conflitos existentes.

Não se pode dizer a um ariano "faça porque eu estou mandando", pois, se for possível, ele não o fará. É preciso explicar por que determinada atividade deve ser feita, qual a sua importância, qual a sua função etc. Você precisa ajudar o ariano a entender o todo, a estratégia.

Se você estiver interessado em um ariano: deixe-o tomar a iniciativa. Tudo o que é desafiador, eletrizante, difícil o atrai. Não é questão de fazer joguinhos, até porque arianos os odeiam. São sinceros — até demais — e dizem o que pensam, sem se preocupar em como suas palavras vão atingir e afetar o outro. Para eles nada é pior do que a mentira. Portanto, não peça a opinião de um ariano se não estiver disposto a lidar com ela.

Para o relacionamento funcionar: encarar um ariano exige destreza e paciência. Ele necessita esbravejar, reclamar, elevar a adrenalina do outro. Mantenha a leveza e a paciência e saiba que, em poucos minutos, esse temperamento explosivo vai passar. Ajude-o a estabelecer prioridades, entender por onde começar a se organizar. Nunca seja desonesto: diga a pior verdade, mas não esconda nada, pois mentira para Áries é algo imperdoável.

Dicas para Áries ao se relacionar: priorize relações que o estimulem e desafiem em todos os aspectos da vida. Você vai se dar melhor com pessoas ativas, ambiciosas, que o estimulem a conquistar suas metas e seus objetivos. É importante compreender que o seu parceiro ou sua parceira não funciona da mesma maneira que você — sobretudo no que diz respeito ao tempo de as coisas acontecerem — pois a impaciência com as diferenças do outro é uma das principais causas de términos de relacionamentos com arianos.

Personalidades do signo de Áries: Anitta, Xuxa, Cazuza, Lady Gaga, Bruno Gagliasso, Roberto Carlos, Eddie Murphy, Robert Downey Jr., Emma Watson, Mariah Carey.

♌

■ Sol em Leão

Nascidos a partir de: 22 de julho

Palavras-chave: determinação; paixão; lealdade; orgulho; vaidade; nobreza; realeza; autoestima; controle; energia; generosidade; brilho; coração; ego.

Leoninos são inesquecíveis. Este é o poder deles no mundo: seu brilho é tão intenso que os torna impossíveis de se esquecer. Sua personalidade é sempre muito marcante, o que não significa que precisem ser o centro das atenções ou extremamente efusivos. Há diversos leoninos discretos e calados, e, no entanto, a força da sua presença é sempre sentida.

Para as pessoas do signo de Leão, o que realmente importa é o que está dentro do coração de cada um. A honra, a lealdade a quem se ama e a completa devoção à família são imprescindíveis.

Ser amado por um leonino é ter a chance de se sentir a pessoa mais especial do mundo: ele é tão orgulhoso de si quanto do seu parceiro ou parceira. Vai querer ver você na sua melhor versão, usando suas melhores roupas, correndo atrás dos seus sonhos, frequentando os melhores lugares e fazendo as melhores viagens juntos.

Podem ter, pelo menos à primeira vista, uma postura levemente arrogante, mas, quando se tem maior convívio e intimidade, podemos perceber que o que chamamos de alegria leoninos chamam de consciência de si e de valor próprio. Há também a parte estética, a beleza — algum atributo físico que cativa o nosso olhar para um leonino.

É uma pessoa que exalta não só as próprias qualidades e vitórias, mas também as daqueles ao seu redor. Ela vai querer contagiá-lo com sua alegria, elevando a autoestima de quem está por perto, pois há nela muita generosidade e lealdade.

Leoninos precisam se sentir únicos e memoráveis. A comparação a outras pessoas é um tópico sensível. Existe um gatilho muito delicado dentro de todo leonino: a sensibilidade à rejeição. Basicamente, tudo o que um nativo desse signo faz vem de seu coração. Ele ouve sua voz interior, reconhece algo em que é bom e que pode ajudar os outros e, então, dá tudo de si.

Leoninos não desistem facilmente de seus objetivos. Na verdade, o que é fácil não os atrai.

São estratégicos, arquitetam tudo com excelência, amam manter o controle — e, justamente para mantê-lo, podem fazer de tudo pelo parceiro ou parceira. A sua forma de amar os submete a um ciclo sem fim: são capazes de sentir um grande amor, mas este se mistura ao medo de perder algo ou alguém, e isso os faz sentir a necessidade de estar cada vez mais no controle. Por esse motivo, tornam-se muito sensíveis a todo tipo de rejeição, pois são encaradas como rejeições pessoais, ao seu coração, a tudo aquilo em que investiram empenho e amor.

Nunca ataque um leonino diretamente. Essa regra vale, inclusive, para toda e qualquer conversa delicada com um deles: comece explicando o que ele tem de incrível, único e importante na sua vida. Depois, exponha seu argumento. Caso seja direto demais com relação a algo que já sabe que vai abalá-lo ou que pode colocar em xeque a imagem que o leonino carrega de si mesmo, isso pode virar uma guerra da qual você nunca mais vai se esquecer.

Da mesma forma que um leonino é capaz de fazer com que você reconheça tudo o que tem de único, especial e admirável, também pode se mostrar um ser humano completamente amargo, que vai escancarar cada parte de você que lhe causa insegurança, caso o faça se sentir desprezado, rejeitado ou humilhado.

Logo, envolver-se com um nativo do signo de Leão nos faz aprender a olhar para o outro em sua totalidade e a respeitar todo o empenho e toda a dedicação que alguém coloca para mantê-lo em sua vida. Eles dão tudo de si na relação afetiva, portanto, seja respeitável e honroso caso opte por se desligar desse relacionamento.

Leão é o signo da paixão e, para seus nativos, o amor foi feito para ser demonstrado, ostentado e compartilhado. O amor, a família, as crianças: tudo isso torna a vida de um leonino colorida.

Leoninos tendem a querer impressionar as pessoas ao redor, para que percebam como eles são únicos na vida de cada uma. Taurinos o levariam a um restaurante onde a comida é excelente — para você se sentir bem com aquilo que mais apreciam: comer. Leoninos o levariam a um restaurante caro — apenas para mostrar o que podem lhe proporcionar.

A pior sensação para um leonino é a de que algo é morno, sem perspectiva, sem paixão, sem empenho. Ele precisa sentir sua dedicação e seu comprometimento com o relacionamento.

Se você estiver interessado em um leonino: preste atenção em tudo. Exalte, elogie, empolgue-se com suas conquistas, demonstre atenção, afeto, faça surpresas, personalize presentes para ele: mostre que ele é único.

Para o relacionamento funcionar: o objetivo de todo leonino é o amor. Ao contrário do que muitos imaginam, quando nos referimos a Leão, estamos falando do signo da paixão, das demonstrações públicas de afeto, das serenatas e do amor que nos faz abdicar de nós mesmos em detrimento do outro. Leoninos são chegados a romance. Adoram declarações, presentes, objetos personalizados e demonstrações de carinho em público.

Dicas para Leão ao se relacionar: é importante não tentar estar sempre no controle da relação — isso pode levar a um desgaste devido à rigidez, às cobranças e ordens dadas ao parceiro ou parceira, sem observar que o outro pode ter vontades diferentes da sua e, muitas vezes, precisa de liberdade e espaço para fazer coisas diferentes e estar com pessoas externas ao relacionamento.

Personalidades do signo de Leão: Bruna Marquezine, Rodrigo Santoro, Tatá Werneck, Emicida, Caetano Veloso,

Sandra Bullock, Meghan Markle, Barack Obama, Daniel Radcliffe, Jennifer Lawrence.

■ **Sol em Sagitário**
Nascidos a partir de: 22 de novembro
Palavras-chave: foco; expansão; obstinação; alegria; conhecimento; progresso; otimismo; dogmatismo; abundância; meta; intolerância; aventura.

Sagitarianos estão constantemente expandindo seus horizontes — desejam novos conhecimentos, novos cenários e novas aventuras. É o signo do exagero: quando desejam algo, desejam muito, de uma só vez, mergulhando de cabeça. Magnéticos e livres, têm um alto astral contagiante.

Não sabem avançar aos poucos: a vida é uma grande aventura e precisa ser experienciada de uma só vez, com tudo o que houver disponível para incrementar a jornada. Sua natureza espontânea faz com que tenham aversão a tristeza e mau humor.

Querem ser felizes acima de tudo. Para os sagitarianos, tudo sempre vai ficar bem e sempre há uma forma positiva de encarar uma situação difícil. Portanto, nada de rabugice ou reclamações, pois são atitudes que os afastam imediatamente. Bom humor e otimismo são imprescindíveis para que um sagitariano se interesse por alguém.

Amantes dos desafios, estão sempre buscando um sonho ou um propósito para perseguirem. Um aspecto muito interessante da personalidade de Sagitário é a inquietude. Têm necessidade de movimentação e adrenalina, colocando-se em situações arriscadas, só para sentir algo novo pulsar dentro de si.

Por essa razão, grande parte dos sagitarianos não permanece no mesmo por muito tempo, quer desbravar o mundo e viver tudo o que há disponível. Sendo assim, é importante que você aprecie viagens, novidades e aventuras para capturar a atenção dos nativos desse signo.

Tendem a ser mais instintivos, imediatistas e passionais, movidos pelo calor do momento. Sinceridade é a sua principal qualidade. Não têm filtro, falam exatamente o que vem à cabeça, doa a quem doer. Portanto, se não estiver disposto a ouvir a verdade sobre algo, é melhor não perguntar a um sagitariano. Da mesma forma, seja sempre sincero e honesto a respeito daquilo que sente, pois a mentira, para este signo, é entendida como uma falha inaceitável.

Sagitário é o signo mais independente e livre do Zodíaco, o que não significa que sejam infiéis, mas, sim, que precisam de espaço. Por isso, evite posturas controladoras, ciúmes, cobranças e inflexibilidade. Essas características são incompatíveis com a personalidade de um sagitariano.

Se você estiver interessado em um sagitariano: lembre-se de que sagitarianos gostam de explorar, expandir, aprender e buscar novas aventuras. Esse aspecto da personalidade deles não desaparece nos relacionamentos.

Portanto, esforce-se para se jogar em novas experiências e esteja aberto a novidades.

Para o relacionamento funcionar: é necessário que exista muita liberdade, otimismo e bom humor. Além disso, aprenda a relevar quando eles forem extremamente sinceros, pois não é uma atitude feita com más intenções. É apenas uma característica intrínseca à sua personalidade.

Dicas para Sagitário ao se relacionar: a sua relação precisa de movimento. Isto é, quanto mais você admira alguém intelectualmente, quanto mais esta pessoa o convida para explorar o desconhecido, maior a chance de este relacionamento funcionar. Também é importante estar disposto a ouvir o lado do outro e não defender as suas verdades com tanta convicção, pois você pode se deparar com pontos de vista que ainda não havia considerado.

Personalidades do signo de Sagitário: Taylor Swift, Tiago Iorc, Miley Cyrus, Bruna Linzmeyer, Katie Holmes, Silvio Santos, Jake Gyllenhaal, Carlinhos Brown, Keith Richards e Adriana Esteves.

Sol em signos do elemento ar (Gêmeos, Libra e Aquário)

Indivíduos com o Sol localizado em signos do elemento ar, são naturalmente sociáveis, comunicativos e curiosos. Têm necessidade de movimento e novidade: querem aprender, conversar e trocar experiências com a maior quantidade possível de pessoas, pois são movidos pelo conhecimento e pelo intercâmbio de informações e pessoas.

Os signos do elemento ar trazem a consciência de que o indivíduo não está só, de que vive em sociedade, em meio a grupos de sua escolha; a interação com o coletivo é essencial para o seu desenvolvimento, o que o leva a valorizar bastante os amigos e os eventos sociais.

Ⅱ

■ Sol em Gêmeos
Nascidos a partir de: 21 de maio
Palavras-chave: comunicação; curiosidade; inteligência; versatilidade; flexibilidade; espontaneidade; adaptação; leveza; movimento; troca; informação; curiosidade.

Quando falamos das pessoas que nasceram com o Sol no signo de Gêmeos, nos referimos àquelas cuja mente está acima de tudo. Geminianos sentem grande necessidade de diálogo. Inteligentes, perspicazes e questionadores, a curiosidade é o que os move. Precisam de constante estímulo, de quem os faça pensar; lhes ofereça dinamismo e diferentes alternativas. As incessantes possibilidades de mudanças, as alterações de rota, a ambiguidade e o desejo de ser tudo ao mesmo tempo são características que os definem.

Não se trata de alguém focado, mas, sim, que precisa aprender a restringir um pouco seu variado leque de interesses. Diante da infinidade de assuntos que os geminianos têm conhecimento — ainda que superficialmente — e nos quais têm interesse, podem ter dificuldade em estabelecer um caminho e se comprometer em segui-lo até o fim. Precisam saber que podem mudar, flexibilizar, alterar e questionar as decisões tomadas. A ideia fixa e o conservadorismo são características que os apavoram.

Quando um nativo do signo de Gêmeos estiver de mau humor, a melhor alternativa é esperar passar. Seus pensamentos são tão ligeiros que em poucos minutos surge a sensação de que adotaram uma nova personalidade.

São engraçados, irônicos, espertos e distraídos. Uma característica com a qual os geminianos têm grande facilidade é, ao mesmo tempo, uma questão de dificuldade: a comunicação. Precisam aprender a se relacionar e trocar experiências com o outro sem debochar dele ou esnobá-lo quando os pontos de vista forem divergentes. Portam-se com certa imaturidade ao tratar de assuntos que exigem seriedade; esse é um aspecto a ser trabalhado.

Podem ter dificuldade de concentração, pois estão o tempo todo presos ao plano das ideias. Sua atividade mental é muito ativa e acelerada; tudo se torna e deixa de ser interessante na mesma impressionante velocidade, o que causa uma rápida dispersão.

Em geral, os nativos de Gêmeos têm grande dificuldade em estabelecer e seguir uma rotina e definir uma ordem ou um cronograma. Às vezes, acham complicado tomar uma decisão, além de terem memória curtíssima. É necessário um trabalho exaustivo de repetição, e também muita paciência, para que não se esqueçam das coisas. Certificar-se de que o geminiano entendeu exatamente o que você quis dizer pode ser uma boa opção.

Muitas vezes, a bronca e o sermão são ineficazes e prontamente descartados por eles. Nativos desse signo podem ter o hábito de interromper o interlocutor durante uma conversa e de falar sozinhos ou com os personagens de um programa de televisão; ao se sentarem diante de uma mesa ou chegarem a um lugar onde nunca estiveram, inevitavelmente, vão tocar e mexer nos objetos ao redor.

Geminianos leem rótulos e todas as informações que a maioria das pessoas despreza. Embora possam ser desatentos, normalmente sabem tudo o que está acontecendo em um lugar (por isso têm a fama de que gostam de fofoca). Nenhuma informação é perdida.

Gostam de jogos, gincanas, quizzes e tudo o que gera diversão e aprendizado.

Estar com um geminiano traz a sensação de viver nostalgias adolescentes. Caso esteja se relacionando com um, talvez seja o momento de observar o que precisa ser flexibilizado, questionado ou visto de uma nova perspectiva na sua vida. Será que você tem estabelecido crenças rígidas e verdades incontestáveis que só servem para aprisioná-lo? Será que você não deveria questionar o caminho escolhido, mudar a rota ou adaptá-la? Será que outras pessoas não podem dividir o fardo com você?

Se você estiver interessado em um geminiano: estabeleça trocas com ele. Questione, pergunte, demonstre interesse, mande mensagens, compartilhe textos, livros, artigos, músicas e notícias. Nada satisfaz tanto um geminiano quanto poder conversar (ou ficar em silêncio) junto a alguém.

Para o relacionamento funcionar: lidar com um geminiano demanda destreza. É necessário saber que ele pode retomar um assunto já resolvido várias e várias vezes, porque pensou em algum argumento que gostaria de considerar junto a você. Inclua-o nos seus programas, apresente-o aos seus amigos e se comunique sobre coisas que não necessariamente considere úteis, mas que gostaria de compartilhar. Planeje um dia de atividades: um almoço seguido de uma ida à sorveteria, depois um café da tarde e finalmente um cinema à noite.

Dicas para Gêmeos ao se relacionar: é importante manter as afinidades e os interesses que atraíram você à relação inicialmente. O ritmo deverá ser mantido durante o relacionamento para que não se torne tedioso. Antes de partir para a próxima, que tal tentar alternativas diferentes com a pessoa que está com você no momento?

Personalidades do signo de Gêmeos: Maisa Silva, Fernando Henrique Cardoso, Adriana Lima, Ivete Sangalo, Seu Jorge, Tom Holland, Angelina Jolie, Natalie Portman, Chris Evans, Morgan Freeman.

■ Sol em Libra
Nascidos a partir de: 23 de setembro
Palavras-chave: justiça; equilíbrio; moderação; companheirismo; harmonia; gentileza; educação; bem-estar; sociabilidade; romance; doçura.

No zodíaco, o signo de Libra é representado pela imagem de uma balança, e há uma boa razão para isso. Esse signo remete a situações e pessoas equilibradas, justas e harmônicas.

Librianos são calmos, gentis e românticos. Gostam de companhia e podem sentir dificuldade de ficar sozinhos, pois são acostumados a pensar a vida sempre junto das pessoas que amam.

Ambientes sem harmonia, cheios de hostilidade e brigas são extremamente desafiadores para nativos deste signo, que são bastante diplomáticos; tentam sempre minimizar a desarmonia e evitar conflitos, tanto exteriores quanto interiores. Preferem colocar panos quentes em situações que despertam embates e anseiam por deixar "tudo bem" da maneira mais rápida possível, muitas vezes sem levar em conta que o outro pode precisar de algum tempo para analisar o que sente e, talvez, não queira que tudo fique bem assim tão depressa.

Os librianos são muito educados grande parte do tempo, então sentem mais desconforto do que os outros signos quando alguém é mais ríspido, direto ou mal-educado com eles. Pessoas rudes ou diretas demais os afastam.

Adoram elogios e amam o processo de conquista que antecede um relacionamento sério. São empenhados e apaixonados, gostam de presentes, recadinhos e lembrancinhas, além de surpresas, em ocasiões cotidianas, não apenas em datas especiais.

São pessoas que fazem o parceiro ou parceira se sentir muito bem ao seu lado, mostrando que são a sua melhor companhia para qualquer programação. Tudo é melhor quando se está acompanhado. Uma ida à farmácia? Estão sempre prontos! Uma viagem de última hora? É só o tempo de arrumar as malas!

Não querem ser pressionados a tomar decisões precipitadas e, quando percebem que existe uma possibilidade de desagradar alguém com suas escolhas, podem estagnar e não tomar decisões. Se quiser que eles façam algo, o ideal é convencê-los com argumentos bem elaborados e explicados, em vez de exigir que ajam de acordo com a sua vontade.

Se você estiver interessado em um libriano: conquistar um libriano exige paciência, pois, como foi dito, os nativos deste signo gostam de ponderar muito bem cada decisão que precisam tomar. Evite pressioná-los e esteja próximo sempre que puder, afinal, a companhia e a convivência são muito importantes para eles. Evite confrontá-los com frequência ou tornar o ambiente hostil, pois isso vai afastá-los imediatamente.

Para o relacionamento funcionar: librianos gostam de pessoas comunicativas, divertidas e leves. Conversam com todo mundo, fazem amizade fácil e se empenham em fazer parte do seu ciclo social. Nada de tentar reduzir a sua convivência ou prendê-los.

Dicas para Libra ao se relacionar: conserve espaço para sua individualidade. Mantenha amigos e projetos que possuía antes da relação. Libra possui uma busca tão intensa pelo "nós" que muitas vezes esquece-se do "eu" que deve existir mesmo dentro de um relacionamento. É conservando a sua individualidade, mesmo quando inserido em uma relação, que você vai conseguir ter a mente mais tranquila e sentir mais firmeza para tomar as melhores decisões.

Personalidades do signo de Libra: Kim Kardashian, Rosalía, Bruno Mars, Rodrigo Faro, Evaristo Costa, Cleo Pires, Avril Lavigne, Will Smith, Bianca Andrade, Klara Castanho.

- **Sol em Aquário**

Nascidos a partir de: 21 de janeiro
Palavras-chave: liberdade; autonomia; atemporalidade; genialidade; rebeldia; idealismo; irreverência; incompreensão; sagacidade; militância; inteligência.

Geniais, visionários, rebeldes, irreverentes e à frente do seu tempo, aquarianos tendem a se sentir deslocados, e sua inteligência — que realmente é de deixar qualquer um de queixo caído — costuma ser incompreendida pela maioria. Suas ideias são pouco convencionais e levam em conta preceitos sociais e políticos muito fortes.

São indivíduos naturalmente indignados com as injustiças e os desequilíbrios sociais que os cercam. Considerados frios, costumam colocar suas emoções e seus desejos pessoais em segundo plano: há metas e ambições mais importantes a se alcançar, que refletem ganhos para a coletividade e — o que, para Aquário, é o que realmente importa o coletivo.

São "do contra". Sentem atração pelo que é diferente, atípico, fora da curva.

Desejam a liberdade acima de tudo. Detestam qualquer tipo de amarra, preconceito ou exclusão. Sentem-se sufocados com gestos de ciúmes e controle. Querem liberdade para ser quem são: para desmarcar um compromisso, porque "não estão mais a fim", sem que isso seja considerado um grande problema; para poder mudar a programação, só porque "deu vontade"; e para simplesmente não responder sua mensagem logo, sem que você considere isso uma ofensa.

Os aquarianos dificilmente fazem algo para atingir outra pessoa propositalmente — são apenas seres livres. Da mesma forma, concedem todo o espaço do mundo para que o outro também se sinta livre e tenha interesse nas próprias causas e metas.

Ao contrário do que dizem, aquarianos não são frios: são apaixonados, entregam-se de corpo e alma e se dedicam integralmente e de forma leal a quem amam. Mas isso não significa presença física constante ou atenção desmedida. São capazes de amar na perspectiva da amizade, do companheirismo e da confiança. Pensam muito mais no bem-estar coletivo do que no próprio e com frequência priorizam o outro acima de si mesmos. Precisam de ajuda nesse ponto para não se esquecerem de si e das coisas que são importantes em sua vida pessoal, além das causas sociais e do bem coletivo a que sempre se dedicam.

Podem também nos auxiliar a reconhecer nossas peculiaridades e diferenças como únicas, além de nos deixar livres e à vontade para sermos honestamente quem somos. Se dizem que amam uma pessoa, amam de verdade, mas não se pode esperar grandes gestos de nativos desse signo, já que são naturalmente racionais e consideram manifestações exageradas de afeto um tanto dramáticas e desnecessárias.

Se um aquariano se interessa por alguém, é provável que inclua essa pessoa em seu grupo de amigos, de tal forma que a faça ter dúvidas se há sentimentos românticos ou apenas sentimentos voltados à amizade. Não entenda isso como algo ruim, aquarianos só se entregam quando sentem que a base da relação é a amizade e o respeito mútuos, quando percebem que o outro se sente à vontade em seu grupo de amigos e sabe se inserir em qualquer ambiente, independentemente de sua ajuda, pois não são do tipo que fazem "sala".

São naturalmente sérios e reservados, interessam-se por pessoas inteligentes e que tenham um toque de rebeldia como parte de sua personalidade, que seja diferente, atípica. Não querem nada comum e detestam tudo o que está na moda. Se todo mundo faz, não espere que um aquariano também faça. Ele vai pensar em fazer justamente o oposto, de propósito. É da sua natureza.

Se você estiver interessado em um aquariano: a melhor opção é se aproximar como amigo e ganhar a confiança dessa pessoa antes de mencionar os seus sentimentos, pois aquarianos costumam ser avessos a emoções românticas. Uma relação com o melhor amigo, com o qual compartilha ideias, causas e propósitos, lhe parece muito mais atrativa.

Para o relacionamento funcionar: atente-se à necessidade de liberdade e de espaço de que essa pessoa precisa, e não leve seus momentos de reclusão e mudanças de humor para o lado pessoal, pois o que faz um aquariano se manter em um relacionamento é o quanto se sente confortável em ser ele mesmo ao seu lado. Nada de ciúmes, cobranças e questionamentos excessivos — quando um nativo desse signo sente sua liberdade tolhida, a tendência é o afastamento e o esfriamento. Aquarianos sentem a necessidade de romper com tabus e convenções também na sexualidade, querem a convicção de que ao seu lado podem ser livres para amar de todas as formas possíveis, sem preconceitos ou restrições sociais estabelecidos.

Dicas para Aquário ao se relacionar: nem sempre isolar-se e deixar de discutir uma questão importante com seu parceiro ou parceira é a melhor solução. Para o aquariano, tudo é muito óbvio e, por vezes, os nativos deste signo não conversam sobre coisas que consideram menores e irrelevantes no dia a dia da relação, mas que os incomodam mesmo assim. Essas conversas pontuais e constantes, mesmo que sobre coisas mais banais, podem auxiliar o outro a compreender você melhor. O movimento do afastamento é natural do aquariano, mas, dentro de uma relação, é importante permitir que o parceiro ou parceira faça parte do seu universo.

Personalidades do signo de Aquário: Sandy, Neymar, Gabriela Prioli, Justin Timberlake, Isis Valverde, Ed Sheeran, Cristiano Ronaldo, The Weekend, Sabrina Sato, Maluma.

Sol em signos do elemento terra
(Touro, Virgem e Capricórnio)

Indivíduos com o Sol localizado em signos do elemento terra são constantes, estáveis e consistentes. Persistem em seus objetivos e só se lançam em projetos que tenham chances reais de obter sucesso. Abominam grandes inconsistências, que não permitem conciliar gostos e propósitos equidistantes.

Não são abertos a mudanças e tomam todas as decisões com grandes doses de cautela, pois, para o elemento terra, é seguindo devagar que se chega longe. São atentos aos detalhes, mais teimosos e apegados que os demais. Também são organizados, produtivos e mais focados na vida profissional do que na pessoal.

■ Sol em Touro
Nascidos a partir de: 21 de abril
Palavras-chave: persistência; segurança; estabilidade; controle; teimosia; durabilidade; apego; calma; solidez; organização; concretude; obstinação.

Taurinos buscam tornar as coisas duradouras. Se são seus amigos, vão ser pela vida toda. Aquele amigo necessário quando estamos na pior fase da nossa vida? É o taurino. Ele se preocupa, se dedica, se faz presente. Se você é importante para ele, acredite: é para sempre.

Em contrapartida, toda essa dedicação vai requerer muita lealdade e fidelidade. Se você se comprometer com um taurino, cumpra o combinado. Caso esteja em dúvida ou inseguro, não o faça. E, da mesma forma, se ele se comprometer com algo junto a você, opte por não desistir. Tenha certeza do que vai dizer ou prometer, porque ele vai se lembrar de cada palavra depois.

Taurinos não dizem "sim" querendo dizer "não". Para um taurino decidir se arriscar a fazer alguma coisa, ele já previu todas as possibilidades de aquilo não funcionar. Nativos desse signo temem a crise, e, por isso, buscam sempre se salvaguardar.

São bastante ligados a questões materiais. A estabilidade financeira é muito almejada pelos nativos do signo de Touro. Gostam da previsibilidade, de estruturar seus méritos firme e lentamente, independetemente do tempo que for necessário.

Importam-se com o custo-benefício, com a qualidade dos produtos, sua raridade, seu valor, sua história. Apegam-se a objetos por conta do seu significado afetivo e íntimo. Evite mexer nas coisas de um taurino ou jogá-las fora sem a devida autorização. Eles sentem grande apreço e estima por seus pertences, e tocar neles seria o mesmo que remexer em seu mundo interno.

É necessário demonstrar que se importa também com assuntos de caráter material. Você trabalha? Tem projetos para o futuro? Preocupa-se em manter uma reserva financeira de emergência? Preocupa-se com o amanhã? Porque é isso que o taurino valoriza: quem está junto dele na concretização dos seus planos.

Inclusive, taurinos *amam* planejar e tentar controlar tudo. Naturalmente, estamos falando de pessoas possessivas, com tendência a serem dominadoras e ciumentas. Embora sejam calmas e apreciadoras do sossego, podem fazer uma cena de raiva de proporções astronômicas quando algo as magoa ou sai do seu controle.

Receber presentes e recordações é outra coisa que amam. Guardam com muito carinho os investimentos materiais do relacionamento. Pequenos gestos e atitudes os conquistam.

Se vocês estiverem juntos, nada de "ir levando". As coisas devem ser bem definidas, ter limites preestabelecidos e necessitam de uma classificação, um rótulo. A pessoa do signo de Touro precisa saber onde está pisando para que consiga se resguardar.

Taurinos têm uma forte ligação com a natureza, e se harmonizam colocando os pés no chão, na terra, e entrando em contato com plantas e animais. Possuem sentidos muito aguçados, por isso têm maior sensibilidade para questões materiais.

Comer e dormir — as ações preferidas dos nativos desse signo — são expressões puras do que faz parte da vida material, do que pode ser explorado pelos sentidos e do que pode gerar conforto. O Sol em Touro possibilita que seus nativos usufruam de determinado prazer até que ele chegue ao fim — visto que se encontra em um eixo com Escorpião, signo que carrega a finitude como uma de suas características marcantes.

Taurinos são pessoas que transmitem sossego, tranquilidade, passividade. Ao perder sua vitalidade, porém, se tornam materialistas. Esse desequilíbrio leva a um apego exacerbado pelo que é material, assim como pela acumulação, pelos gastos excessivos e pelas compras desnecessárias em nome da aparência ou de status. O material deixa de ser algo relacionado à natureza e passa a se associar à conquista voltada para a simples exibição.

Se você estiver interessado em um taurino: atente-se ao que ele está demonstrando de maneira concreta como prova da sua fidelidade. Taurinos não são de ficar se explicando, portanto, evite testá-los ou tentar causar ciúmes neles. Observe a sua linguagem corporal. O corpo de um taurino fala por si só. Muito embora queiram parecer duros e fortes, e sejam verdadeiros profissionais em esconder seus sentimentos, não conseguem ficar distantes fisicamente daqueles que amam.

A pessoa do signo de Touro prefere "ir devagar" em um relacionamento, visto que não quer perder o controle. Mesmo com toda a certeza e todo o investimento no relacionamento desde o primeiro dia, pode demorar a oficializá-lo ou torná-lo público, pois antes deseja sentir segurança na relação. Pode até, em algum momento inicial, tentar se afastar para ter a certeza de que você não vai deixá-la. Taurinos costumam testar aqueles por quem se interessam. Se houver algum distanciamento, resista a se afastar também.

Para o relacionamento funcionar: lidar com um taurino exige muita paciência, sobretudo no início. Nativos deste signo são receosos, porque sua entrega e devoção são intensas; querem sentir que a lealdade existe na outra ponta da relação. Caso permita que um taurino se distancie, ele vai acreditar que não tem importância para você. Dê tempo e espaço para o relacionamento se desenvolver, mas não deixe de manter o contato.

Dicas para Touro ao se relacionar: é importante abrir-se para novas ideias e estar disposto a realmente ouvir o outro e enxergar o seu ponto de vista. A fixação nas próprias ideias pode dificultar que você compreenda importantes diferenças para a manutenção e equilíbrio da relação, além de frustrar o outro, que não vai se sentir compreendido. Se possível, arrisque-se um pouco mais.

Personalidades do signo de Touro: Dinho Ouro Preto, Gal Gadot, Rodrigo Hilbert, Mariana Ximenes, Travis Scott, rainha Elizabeth II, Cauã Reymond, Sophie Charlotte, Robert Pattinson, Lizzo.

♍

■ Sol em Virgem
Nascidos a partir de: 23 de agosto
Palavras-chave: ordem; rotina; produtividade; assertividade; análise; julgamento; reflexão; perfeccionismo; crítica; flexibilidade; adaptabilidade; rigidez; repetição.

Virginianos são sensíveis, dedicados, flexíveis, exigentes e extremamente críticos, sobretudo consigo mesmos. Exigem perfeição e excelência em tudo o que fazem, o que os torna mais cautelosos para tomar certas atitudes.

São analíticos e observadores, tentam manter suas emoções sempre sob controle, evitando qualquer expressão desequilibrada de seus sentimentos. Costumam ser reservados e tímidos. Portanto, não é simples compreender quando um virginiano está interessado, pois ele se mostra sempre sutil e discreto.

Normalmente, se aproximam por meio de uma convivência diária. Colocam-se disponíveis para ajudar o outro a resolver os problemas do dia a dia, melhorar o seu cotidiano e otimizar a realização das suas tarefas.

Adoram compartilhar sua rotina com aqueles que amam. Essa convivência é o que os encanta. O tipo de relação que os atrai é aquele com potencial de funcionar na prática, pois evitam tudo o que não lhes traz segurança. Quando sentem que seus gostos, suas opiniões e seus hábitos não combinam com os do parceiro ou parceira, tendem a se desinteressar.

Evite criticá-los, mesmo que de brincadeira, pois levam tudo muito a sério e vão fazer uma revisão profunda de seus comportamentos se você apontar um erro. Tente ajudá-los a ser mais compassivos e flexíveis com as próprias falhas, pois essa é uma grande dificuldade desse signo.

Tímidos, não é costume dos nativos de Virgem realizar gestos grandiosos e surpresas. São apaixonados pelos detalhes que revelam que você estava atento ao que outras pessoas não estariam.

Com um temperamento naturalmente sério, o bom humor pode ser uma forma interessante de se aproximar de um virginiano; esses indivíduos tendem a ser atraídos por quem consegue levar a vida com leveza.

Além disso, sempre que marcar qualquer coisa com pessoas desse signo, tente ser pontual, pois consideram atrasos um erro grave. Pensam em tudo e preferem programações planejadas com antecedência. Optam por sair para lugares que possuem referências e que sabem que são, de fato, bons. Não costumam se arriscar. Eles vão planejar a noite nos mínimos detalhes, com o objetivo de tornar o encontro perfeito.

Se você estiver interessado em um virginiano: não são as pessoas mais diretas do mundo e provavelmente só vão demonstrar interesse na medida em que perceberem a reciprocidade. Gostam de saber exatamente no que estão se metendo. Portanto, a melhor forma de conquistar um virginiano é criar intimidade através da amizade e da presença constante.

Para o relacionamento funcionar: virginianos preferem caminhos seguros. Não são chegados a devaneios ou fantasias, preferem pautar suas escolhas na razão. Sentem necessidade de estabilidade e, quando não estão inseridos em uma rotina, tendem a se sentir desconfortáveis e perdidos.

Dicas para Virgem ao se relacionar: é importante que você seja mais compreensivo e empático com as diferenças do outro e, sobretudo, com aquilo que considera como falha. Esse hábito vai torná-lo livre para errar sem se sentir tão sobrecarregado pelo peso da perfeição. As diferenças não precisam ser frustrantes nem precisam ser mudadas para que o relacionamento funcione. É necessário amor e compreensão.

Personalidades do signo de Virgem: Beyoncé, Gusttavo Lima, Zendaya, Fátima Bernardes, Tony Ramos, Keanu Reeves, Alessandra Negrini, Hugh Grant, Cameron Diaz.

♑

▪ Sol em Capricórnio

Nascidos a partir de: 22 de dezembro
Palavras-chave: determinação; disciplina; dedicação; organização; planejamento; estrutura; ambição; praticidade; dureza; frieza; segurança; confiança.

Sensatos, reservados, disciplinados, introvertidos e extremamente dedicados a questões profissionais, os capricornianos enxergam a vida como um compromisso que deve ser exercido com seriedade, sem tempo a perder. Buscam estabilidade e segurança, não se arriscam em nada que não tenha potencial de durar a longo prazo. Quando se arriscam, percebem a situação como um investimento que vai requerer todo o seu empenho, por isso são críticos e seletivos antes de se envolverem em algo ou com alguém.

Responsáveis desde o início da vida, os nativos deste signo identificam no amor a possibilidade de compartilhar metas e objetivos. Não se envolvem antes de saber os planos do outro para o futuro e se há realmente chance de a relação funcionar. Gostam de pessoas parecidas com eles, pois são práticos. Grandes diferenças de personalidade ou de experiências são encaradas como situações desfavoráveis e não atraem um capricorniano.

Capricornianos são realizadores. Perseveram em seus objetivos por muito tempo e não desistem facilmente de nada que se propõem a fazer. Para eles, não é simples se relacionar, visto que normalmente concentram-se em sua vida profissional e, por isso, fazem mais o tipo solitário, não dando tanta importância a esse setor da vida.

O capricorniano só topa encarar uma relação quando sente que o par está preparado e decidido a se comprometer com ele e com seus objetivos. O tempo é um recurso bastante precioso e ele não está disposto a desperdiçá-lo. Não costuma priorizar intervalos para lazer e entretenimento em sua rotina.

A seriedade com que os nativos de Capricórnio levam a vida os impede de sair por aí se relacionando com várias pessoas. Costumam achar alguém interessante e propor um compromisso, visando construir uma relação duradoura. A forma com que o parceiro ou parceira prioriza vida profissional, metas e objetivos os atrai bastante. Gostam de pessoas discretas e focadas em seus projetos. Relação, para os nativos desse signo, é para construir uma família, e não simplesmente para passar um bom tempo a dois.

Sábios e sensatos, definem objetivos elevados e pensam muito antes de tomar uma decisão. Analisam todos os cenários e se importam muito com a consequência de cada um de seus atos, o que os torna mais lentos para tomar atitudes.

Geralmente são introvertidos e retraídos, portanto, deve-se ter cuidado ao se aproximar, para que não sintam que seu espaço foi invadido. Ganhar sua confiança aos poucos, construindo uma relação estável, é um caminho muito mais vitorioso para chegar ao coração de um capricorniano. Evite demonstrações de amor dramáticas e públicas, pois eles não são do tipo que gosta de exposição e sempre levam em conta o que os outros vão pensar a seu respeito.

Os capricornianos não são do tipo que gosta de mudanças inesperadas ou reagendamentos, portanto, evite marcar algo se não tiver a certeza de que vai poder comparecer. Evite, também, programas agitados e lugares cheios, porque não são do tipo mais sociável: em geral, capricornianos preferem restaurantes — sempre com boas referências, pois prezam por acertar de primeira — com uma boa música ao vivo e um jantar à luz de velas.

Se você estiver interessado em um capricorniano: aceite o tempo que a relação pode levar para se desenvolver. Evite pressioná-lo, pois isso pode fazer com que volte a se fechar e focar unicamente em suas metas. O capricorniano, quando está interessado, dá pequenos passos para aprofundar a relação, até ter certeza de que se trata de um amor sólido e seguro.

Para o relacionamento funcionar: tenha sempre em mente suas metas e seus objetivos profissionais e pessoais e nunca deixe de persegui-los. O empenho nos seus projetos e na própria vida é extremamente estimulante para o capricorniano. Além disso, ele se mantém tão concentrado em atingir as próprias metas que nem sempre vai estar disponível para o lazer.

Dicas para Capricórnio ao se relacionar: deixe que as suas emoções falem mais alto de vez em quando. Nem sempre a decisão mais racional é a adequada para determinado momento. Muitas vezes, guiar-se pela emoção é o ato mais maduro e respeitoso que se pode ter consigo mesmo. Além disso, não tome para si responsabilidades que não são suas, pois isso poderá colocá-lo em uma posição maternal/paternal dentro do relacionamento, o que vai acabar por sobrecarregar e frustrar você a longo prazo.

Personalidades do signo de Capricórnio: Cláudia Raia, Zayn Malik, Hayley Williams, Selton Mello, Patrícia Pillar, Dylan Minnette, Rodrigo Simas, Meghan Trainor, Larissa Manoela, Kim Taehyung.

Sol em signos do elemento água (Câncer, Escorpião e Peixes)

Indivíduos com o Sol localizado em signos do elemento água são sensíveis, emotivos, menos estáveis emocionalmente que os demais, introspectivos e, com frequência, mais tímidos e reservados.

Têm uma característica melancólica e sentem tudo intensamente. Entregam-se às lagrimas com naturalidade e permitem-se emocionar com uma música, um filme ou mesmo um livro. Para eles, a vida só vale a pena ser vivida se algo toca as suas emoções e traz sensações novas e desconhecidas. São afetuosos e cuidadosos, mas exigem carinho e atenção em contrapartida.

■ **Sol em Câncer**
Nascidos a partir de: 21 de junho
Palavras-chave: alegria; melancolia; emoção; nostalgia; medo; ansiedade; empolgação; sentimento; passado; família; cuidado; nutrição; choro; maternidade; carinho.

Pode-se dizer que os cancerianos têm aquele jeito parecido com o de uma mãe: sabemos que podemos correr para os seus braços e chorar sem parar. Eles entendem de emoções como ninguém. Sentem tudo com toda a intensidade. Não se impedem de experimentar qualquer sensação. Querem apenas sentir tudo o que for possível.

Eles podem dar colo, comida, carinho e chamego. Buscam tranquilidade e uma vida feliz dentro de casa.

São extremamente emotivos, podendo ser arrebatados por emoções a qualquer momento. Para os cancerianos, lidar com elas é algo tão natural que parece acompanhá-los de forma intensa desde a primeira respiração (ou até antes, quem sabe?). Uma cena de filme, uma pessoa, uma declaração ou mesmo um pensamento é capaz de levar o canceriano às lágrimas com facilidade. Não há vergonha alguma em chorar ou demonstrar vulnerabilidade.

A família é o ponto central dos grandes conflitos de vida dos nativos de Câncer. Eles têm uma intensa ligação com as suas raízes, com sua ancestralidade e com a força que esses laços detêm. Há uma necessidade de se sentir abrigado, pertencente ao seu núcleo, dentro da sua intimidade.

Precisam de auxílio com os problemas domésticos, com questões relacionadas à família e a suas inseguranças emocionais. Esses fatores podem deixá-los carentes, inseguros e emocionalmente dependentes. É importante estimular a sua independência e autoconfiança, pois, muitas vezes, identificam-se tanto com as questões familiares que passam a não mais conseguir distinguir quais são suas e quais são as de seus familiares.

A vontade de cuidar é tanta que, muitas vezes, acabam sendo invasivos e até mesmo grudentos. Podem assumir um papel materno ou paterno dentro do relacionamento, caso venham a lidar com pessoas que sofreram ou ainda sofram algum trauma familiar, abandono afetivo ou tenham necessidade de se sentir cuidados. Dessa forma, tomam a responsabilidade para si e acabam praticamente se fundindo com esse tipo de pessoa.

Os cancerianos são acolhedores. Colocam as necessidades do outro em primeiro lugar. Com um abraço, têm o poder de fazê-lo se sentir confortável e envolto em afeto. Não deixam ninguém deslocado e tratam qualquer pessoa como da família. São do tipo que faz o outro se sentir à vontade logo no primeiro encontro. Quando um canceriano ama, planeja o futuro, deseja formar uma família, ter um lar e a certeza da companhia na velhice.

Cancerianos amam o amor. Portanto, para conquistar um nativo desse signo, demonstre suas emoções. Derreta-se. Permita-se ser cuidado. Peça colo, carinho e afeição. Nunca menospreze o valor dessa forma de amor. Cancerianos tendem a se sentir diminuídos e rejeitados, porque sua forma de amar é entregando-se ao sentimento da forma mais genuína possível e cuidando do outro. Se a relação se desgasta e o parceiro ou parceira deixa de investir no cuidado e no carinho que demonstra, acaba afligindo o canceriano e impactando o relacionamento. Não ter suas emoções reconhecidas e apreciadas o deixa devastado.

Pessoas desse signo dificilmente esquecem o passado. São nostálgicas e gostam daquilo que parece mais antigo, pois encontram conforto nas experiências anteriores. Em desequilíbrio, podem se tornar emocionalmente dependentes da família — ou até mesmo sentir-se "sugadas" por alguns familiares. Em contrapartida, conseguem manipular as pessoas pelas emoções com facilidade.

Quando estão envolvidos, normalmente aprofundam a relação com rapidez e levam a pessoa para dentro do seu lar, das festas e dos eventos de que participam com amigos e parentes. Se sair com um canceriano pela primeira vez na sexta-feira, não estranhe se estiver almoçando com a família dele no domingo. É assim que funciona para eles.

Para um indivíduo do signo de Câncer, a família é literalmente a base de tudo. *Tudo mesmo!* Você precisa se interessar pela família dele, de verdade, assim como inseri-lo na sua. Não fazer parte do seu núcleo afetivo pode torná-lo extremamente inseguro. Esses indivíduos adoram falar sobre as pessoas mais próximas, sobre a própria história de vida — além de acontecimentos antigos e sobre como ainda acreditam no amor. Esteja disposto a ouvi-los e dê o máximo de atenção que puder.

Se você estiver interessado em um canceriano: cuide dele. Não tenha medo de demonstrar seus sentimentos e não os esconda. Nativos de Câncer se conectam com os outros por meio das emoções. O primeiro impulso é agir de acordo com o que sentem, aquilo que lhes toca o coração, e não com a razão. Não finja desprezo e não os ignore. Faça surpresas e invista no romantismo — esse é o tipo de coisa que os encanta.

Para o relacionamento funcionar: valorize a emoção. A vida cotidiana nos obriga a guardar grande parte dos nossos sentimentos para nós mesmos. Deixamos de valorizar nossa intuição, nossas tristezas e a importância de simplesmente parar tudo e chorar por um tempo. Cancerianos podem ensinar aos que estão à sua volta a olhar para toda a sua estrutura emocional com mais atenção.

Dicas para Câncer ao se relacionar: sabemos que você ama cuidar daqueles por quem tem afeto, mas deixe espaço para que esta pessoa faça as próprias escolhas e decisões individualmente. O excesso de cuidado e zelo também prejudica uma relação e pode afastar o parceiro ou parceira, que vai se sentir pressionado.

Personalidades do signo de Câncer: Selena Gomez, Grazi Massafera, Khloe Kardashian, príncipe William, Chay Suede, Meryl Streep, Lionel Messi, Gisele Bündchen, Wagner Moura, Fernanda Lima.

♏

■ Sol em Escorpião

Nascidos a partir de: 23 de outubro

Palavras-chave: intensidade; mistério; profundidade; magnetismo; sexualidade; desconfiança; sedução; vingança; extremismo.

Comparados aos nativos dos outros signos do Zodíaco, os escorpianos possuem o tipo de personalidade mais intensa e visceral. São reservados, misteriosos e fechados à primeira vista. Demoram a permitir que alguém entre em sua intimidade.

Têm uma inclinação natural para esconder seus sentimentos e suas relações por bastante tempo, negando-os e reprimindo-os inicialmente, pois, de maneira geral, são desconfiados.

Apegados, seus sentimentos são difíceis de mudar depois de serem cultivados. Quando amam alguém, amam por meses ou anos — até mesmo pela maior parte da vida. Entregam-se completamente e vivem tudo o que há para viver daquele relacionamento. A sensação que se tem é que desejam desvendar todos os seus segredos mais íntimos, desnudar a sua alma. Não pulam fora até sentirem que deram tudo de si. São leais até o fim com aqueles que amam.

Quando estão passando por situações difíceis, podem se tornar extremamente controladores, possessivos e ciumentos. Não é o tipo de personalidade que se deve provocar, pois, devido à sua intensidade, as consequências de uma má interpretação podem ser irreversíveis.

Confiam em seu sexto sentido e em sua intuição e têm um talento natural para descobrir tudo o que está escondido, o que os torna o próprio FBI.

São extremos no que diz respeito às suas emoções. É necessário incentivá-los a compartilhar seus medos e suas inseguranças para que juntos possam lidar com esses sentimentos, que tendem a gerar ressentimentos e um espírito vingativo nos nativos de Escorpião. Podem ser cruéis com as palavras quando magoados, portanto, a dica é evitar deixar as situações chegarem ao limite e sempre tentar resolvê-las com calma e diálogo.

Bastante sexuais, é imprescindível que tenham experiências intensas com seu parceiro ou parceira para aprofundar o relacionamento. Podem abandonar uma relação por não se sentirem atendidos sexualmente, portanto, esta é uma área de especial atenção e dedicação. Sedução, conquista e algum ar de mistério são hábitos que necessitam ser cultivados nesse relacionamento.

Se você estiver interessado em um escorpiano: saiba que para construir uma relação com um nativo de Escorpião, leva-se tempo, pois ela quer intimidade profunda e intensidade. Precisa construir uma base de confiança e por isso dá passos lentos. O ideal é que você tenha momentos especiais com o parceiro ou parceira com certa frequência para desenvolver os elementos dessa conexão.

Para o relacionamento funcionar: escorpianos são ciumentos e possessivos, por isso a honestidade e a lealdade são a chave dessa relação. Não omita nem minta, pois o escorpiano vai descobrir e as consequências podem ser imprevisíveis.

Dicas para Escorpião ao se relacionar: é importante manter a leveza da relação e não torná-la um jogo de poder e controle — que pode acabar despertando partes em você e no outro das quais vocês não se orgulham. Esteja disposto a perdoar verdadeiramente os erros da outra pessoa dentro do relacionamento e a não guardar ressentimento daquilo que ficou no passado.

Personalidades do signo de Escorpião: Ryan Reynolds, Amandla Stenberg, Milton Nascimento, Alice Wegmann, Fiuk, Troian Bellisario, Marieta Severo, Frank Ocean, Lázaro Ramos, Anne Hathaway.

■ Sol em Peixes

Nascidos a partir de: 20 de fevereiro
Palavras-chave: idealismo; fantasia; intuição; espiritualidade; sensibilidade; romantismo; imaginação; artes; fé; confiança; fuga; escapismo da realidade.

Românticos, sensíveis, idealistas e intuitivos, temos em Peixes o signo mais dual de todos: a sensação é a de que um pisciano está, mas não está conosco ao mesmo tempo. Vivem com a cabeça em seu mundo particular e em seus pensamentos e facilmente "voam" para fora de uma conversa antes mesmo de o assunto ter acabado.

Para um pisciano, a compaixão e a empatia são os sentimentos mais comuns de existirem, pois sempre tem a tendência de se identificar com as questões alheias, principalmente quando o outro passa por uma fase difícil.

Sua capacidade de compreender o outro é única. Como uma esponja, absorve totalmente os seus problemas, de tal forma que, ao final da conversa, sentem que as adversidades alheias se tornam as suas. Quando essa dinâmica ocorre com frequência, sentem-se cansados e frustrados sem que nada lhes tenha acontecido pessoalmente.

Quando acreditam em algo — e normalmente são dotados de uma fé invejável —, esforçam-se ao máximo para torná-lo concreto, independentemente de os outros acreditarem ou não em sua capacidade de realizá-lo. Aliás, em geral é muito comum que um pisciano passe por experiências de descrédito e rejeição, justamente para desenvolver sua fé e sua confiança em si mesmo e, posteriormente, ajudar outras pessoas a fazerem o mesmo.

Fantasia e romantismo são essenciais para o relacionamento com esse signo. Interessam-se por pessoas sensíveis, adaptáveis e com quem possam compartilhar os seus anseios espirituais. Devido à sua natureza sonhadora, são indivíduos que idealizam as relações. Isso deve ser encarado com cuidado para evitar frustrações e desilusões, pois muitas vezes a fantasia é tão grande que ninguém é capaz de satisfazê-la.

Com uma imaginação extremamente fértil e uma sensibilidade fortíssima, costumam ser apaixonados por artes em geral. Amam todo tipo de demonstração de sentimentos através de poemas, músicas e cartas.

São românticos em excesso e não se envergonham disso. Em contrapartida, podem ser facilmente confundidos pelas paranoias oriundas dos fantasmas da sua mente, que geram percepções distorcidas da realidade e podem prejudicar o desenvolvimento de um relacionamento saudável. O diálogo é ainda mais necessário nesses casos, para evitar erros de interpretação que possam abalar ou prejudicar o sentimento existente.

Outra característica advinda da sua sensibilidade é certa instabilidade emocional, que os faz variar de euforia à introspecção rapidamente, confundindo quem está ao seu lado.

Não estranhe, pois, com frequência, piscianos precisam de momentos de reclusão e até alguma dose de solidão para se revigorarem, tendo em vista que absorvem muita carga emocional de todos os que estão ao seu redor. Logo, se um pisciano simplesmente parecer "sumir" por um tempo, espere antes de tirar conclusões precipitadas, porque pode realmente não ter nada a ver com você e, sim, com a sua necessidade de isolamento.

Se você estiver interessado em um pisciano: demonstre a sua sensibilidade, sua empatia e seu romantismo. Compartilhe suas crenças e sua espiritualidade, pois isso costuma ser importante para eles. As fantasias e a imaginação são a matéria-prima da relação, então invista no clima: música, meia-luz e, de preferência, um céu estrelado para observarem juntos. A realidade física do encontro é secundária, visto que querem sentir que ao seu lado alcançam uma nova atmosfera e um clímax romântico.

Para o relacionamento funcionar: é necessário que se aprenda a lidar com as mudanças de humor e com as inconstâncias características deste signo, pois, de um momento para o outro podem simplesmente querer se isolar, sem muita explicação, apenas porque desejam se restabelecer. Também é necessário trabalhar conjuntamente as idealizações e projeções envolvidas na relação, de modo que nenhum dos dois se sinta frustrado ou decepcionado.

Dicas para Peixes ao se relacionar: não deixe de expressar os seus descontentamentos dentro da relação, pois a omissão de posicionamento em momentos que você sente que deveria se manifestar pode levá-lo, psiquicamente, ao limite e deixá-lo instável emocionalmente. Por mais difícil que seja, o seu posicionamento é determinante para que o outro possa entender o seu ponto de vista e compreendê-lo inteiramente. Cuidado com o excesso de idealização, ele pode evocar em você uma constante sensação de frustração.

Personalidades do signo de Peixes: Luan Santana, Rihanna, Dakota Fanning, Mateus Solano, Queen Latifah, José Serra, Giovanna Antonelli, Justin Bieber, Débora Falabella, Adam Levine.

CAPÍTULO 3

LUA

Quando se trata de amor, acredite, tudo começa pela Lua. Toda nossa noção de afeto, apego, carinho e conforto se encontra no nosso satélite natural. Não é à toa que os amantes a cultuam e que ela está sempre presente nos filmes, nos poemas e nos romances.

Não sei se você já se dedicou a compreender os simbolismos da natureza ou o quanto se aprofundou no tema, mas as histórias em torno da Lua me chamam atenção em particular.

Para os guaranis — uma das mais importantes etnias originárias das Américas —, a Lua representava uma divindade conhecida como Jaci, patrona da fertilidade e da feminilidade. Em paralelo aos povos das Américas, outros povos, embora distantes territorialmente, também deram à Lua o mesmo significado, como os romanos, que a entitularam de Diana; os hindus, que a denominaram Chandra; e os astecas, que a nomearam Xochiquetzal.

Já no âmbito acadêmico, por parte da comunidade científica, a teoria mais aceita a respeito da formação da Lua data de 1975 e é denominada "a teoria da grande colisão".

Calma, se você está se questionando por que estou escrevendo sobre tudo isso, adianto que é porque tem uma relação direta com o amor.

De acordo com essa teoria, a Lua teria se originado após o impacto de um objeto cósmico denominado *Theia*, cujo tamanho se aproximava das dimensões do planeta Marte. Após o impacto, parte do núcleo de Theia foi incorporado ao núcleo terrestre, e parte dos detritos da Terra — poeira cósmica lançada na atmosfera — foi incorporada ao manto de Theia, originando o que hoje chamamos de Lua.[3]

Toda essa volta pela física lunar nos traz um primeiro aprendizado. Se a Lua representa os nossos sentimentos, sua formação pode nos apresentar paralelos traçados sobre a *maneira* como nos sentimos.

Para que um sentimento se construa, é necessário o *choque entre duas estruturas físicas, que, ao colidirem,* vão deixar partes de si na atmosfera; como quando duas pessoas se encontram, a interação entre elas torna o ambiente propício para uma relação mais aprofundada. Com o tempo, a poeira cósmica resultante dessa colisão será internalizada ao nosso núcleo; em termos práticos, é o momento em que algo

---

[3] Hruska, Joel. "NASA Study: Moon Is Made of Material from Earth, Not Theia." *Extreme Tech*, 5 fev. 2019. Disponível em: https://www.extremetech.com/extreme/285173-new-nasa-study-suggests-moon-is--made-of-material-from-earth-not-theia.

diferente começa a se desenvolver dentro de nós: o que conhecemos como sentimento.

Os nossos sentimentos se desenvolvem *apenas* quando vivenciamos o encontro com o outro. Antes disso, temos somente sensações de bem-estar e prazer. Isso quer dizer que esse encontro nos revela informações valiosas sobre nós mesmos. É sempre uma oportunidade de nos transformar, porque vamos passar a nos *enxergar* naquela pessoa.

Quando nos encontramos com alguém, somos duas estruturas de vida e valores consolidadas. Nascemos em determinada família e temos valores que nos foram transmitidos por ela. Somos, portanto, essencialmente diferentes, e é por isso que o choque desse encontro vai nos compelir a modificar nossa estrutura. Por meio das diferenças, dos impactos e do fator tempo, fortalecem-se os nossos vínculos e surgem os sentimentos.

Outro ponto interessante é que a atmosfera da Lua é considerada estável, sem ventos ou chuvas capazes de apagar evidências do seu passado geológico. As marcas deixadas na Lua, mesmo após milhares de anos, permanecem lá. *Se um astronauta pisa na Lua em determinada época, o próximo a pisar lá vai encontrar o rastro de pegadas do primeiro.*

Da mesma forma são as nossas marcas emocionais, nada que nos acontece pode apagá-las de nossa estrutura emocional.

Sempre somos impactados pelo encontro com o outro, e as marcas deixadas por ele não podem ser apagadas, porque vão estar "na nossa cratera", ou seja, são *nossas*. A poeira cósmica vai ser absorvida à nossa nova forma. A maneira com que vamos efetuar essa absorção muda tudo.

Podemos tentar fugir dos "detritos" dessa relação, ignorando os sentimentos evocados, ou podemos de fato senti-los, incorporando-os naturalmente a nós. Se esse processo vai ser doloroso ou não vai depender apenas de nós. Essa assimilação vai acontecer, quer queiramos, quer não. Os rastros de pegadas que foram deixados na nossa estrutura, também.

Quando nos relacionamos com alguém — seja qual for o tipo de relação —, buscamos, primordialmente, sentir afeto, criar laços, adquirir intimidade, construir vínculos, ser amados. Almejamos nos sentir cuidados, especiais, queridos, únicos.

Dessa forma, a Lua vai representar a forma como sentimos que alguém é especial. As características ligadas à Lua de uma pessoa explicam como ela se sente cuidada e amada. Tem a ver com o que desejamos que o outro conheça a nosso respeito, intimamente. A Lua guarda os segredos que só abrimos para aqueles em quem realmente confiamos.

Na medida em que a Lua representa os nossos sentimentos, irá representar, também, a maneira como nos comportamos na intimidade, na proximidade, a maneira como demonstramos amor, gostos, estilo de alimentação, comportamento quando estamos doentes, fragilidades, temores, culpas, tom de voz etc.

Quando algo nos atinge emocionalmente, a forma como reagimos à emoção gerada vai ser explicada pelo elemento (ar, terra, fogo e água) e pelo signo que estão regendo nossa Lua.

No que diz respeito aos relacionamentos, comparar os signos lunares de duas pessoas nos revela uma parte importante dos desafios da relação. Os signos vão explicar quais necessidades emocionais de uma pessoa precisam ser atendidas para que ela se sinta bem, confortável, apoiada e amada dentro do relacionamento.

Quem decide quando um vínculo é criado, quando o amor começa e como ele termina é a nossa Lua. Se ela não for atendida dentro de uma relação, inevitavelmente nosso sentimento por aquela pessoa *vai chegar ao fim*.

Os homens, em geral, projetam e procuram, inconscientemente, as qualidades da sua Lua em suas parceiras, tendo em vista que esse é o seu arquétipo feminino, representando o seu vínculo materno.

Diferentemente do Sol, a Lua não poderá ser determinada apenas pela sua data de nascimento; dependerá, também, do horário de nascimento. Portanto, quanto mais exatidão houver em relação a ele, melhor será a precisão da análise do mapa.

Lua em signos do elemento fogo (Áries, Leão e Sagitário)

Quem tem a Lua em signos do elemento fogo — Áries, Leão e Sagitário — sente tudo de modo intenso, ligeiro e impulsivo. Não guarda rancor e prioriza as próprias necessidades.

São pessoas naturalmente impacientes. Consideram tudo urgente. Aborrecem-se com facilidade e podem ser bastante dominadoras. Raramente pedem ajuda.

A passividade e a indiferença fazem com que se sintam profundamente afetadas. Podem ser francas e grosseiras.

Quanto mais afetadas emocionalmente, mais essas pessoas tendem a parecer rudes e irritadiças.

Amam pessoas que inspiram confiança, independência, autonomia, segurança e coragem.

Vamos ver adiante a Lua em cada um dos signos de fogo.

♈

■ Lua em Áries

Quem tem a Lua em Áries quer sentir que a vida com o outro vai ter ação. Bastante autocentrados, são indivíduos que têm necessidade de se mostrar valentes, impetuosos e independentes. Precisam sentir que o parceiro ou parceira tem fé neles.

Podem se interessar por pessoas que estão passando por situações de desânimo, justamente para lhes oferecer sua qualidade mais proeminente: a valentia.

São pessoas com uma estrutura emocional dicotômica e extremista: oito ou oitenta. Sim ou não. Ama ou detesta. Não há muitas respostas emocionais complexas para essa pessoa. Ela sabe que ama porque quer viver tudo, intensamente, com o outro.

A impressão que passa é a de que precisa brigar muito para ter suas necessidades atendidas. São pessoas explosivas, mesmo quando não estão se sentindo bravas ou irritadas. Têm pavio curto — simplesmente.

Temem sentir tédio. Se seus relacionamentos forem predominantemente calmos e pacíficos, podem provocar conflitos, apenas para sentir que o parceiro ou parceira se importa. Não costumam guardar rancor. Deixe-os sempre falar primeiro. Pela qualidade autocentrada já mencionada, tudo relacionado a esses indivíduos é mais importante, precisa vir primeiro: suas ideias, seus sentimentos e suas necessidades. São bons ouvintes, mas não são muito habilidosos em formular respostas. No entanto, vão estar ali para lhe dar uma força.

Costumam ser assertivos com quem amam. Se quiser conquistar uma pessoa com a Lua em Áries, mostre que você realmente a quer. Ela vai valorizar sua coragem, audácia, assertividade e impetuosidade.

Uma pessoa com a Lua em Áries associa afeto a ação. Se você a ama, deve lutar por ela. Impacientes, os afetos têm de ser vividos imediatamente, para já. Depois é nunca.

Essa pessoa necessita se sentir forte. Mas, além disso, precisa sentir que ao seu lado ela pode eventualmente fraquejar. Precisa sentir que você vai estar lá para sustentá-la e ser a sua força quando ela falhar no campo de batalha.

Amor e guerra estão intimamente ligados. Quanto mais essa pessoa se irrita com você, mais você está afetando o lado emocional dela.

Alguém com Lua em Áries não quer se relacionar com uma pessoa com dúvidas sobre os próprios sentimentos. Pessoas receosas e indecisas atormentam. Tiram a sua paz.

Todas as emoções dessa pessoa são sentidas intensamente, de uma só vez. Ela não quer esperar. Na mesma proporção em que aparecem, as emoções se vão.

Para se relacionar com uma pessoa com a Lua em Áries, é indispensável que você aprenda a relevar os rompantes de raiva dela, pois em um instante muito breve ela vai agir como se nada tivesse acontecido. É alguém que sente, fala e explode na hora; e depois se acalma.

♌

■ Lua em Leão

Aqueles que têm a Lua em Leão precisam sentir que são únicos para você. Incomparáveis. A última bolacha do pacote. A última Coca-Cola do deserto. Não é exagero. Essas pessoas podem ficar com o orgulho ferido se não ganham atenção suficiente. Precisam sentir que você tem orgulho delas, que admira seus dons, suas qualidades, sua história, sua família, sua origem. Tudo.

A pessoa com a Lua em Leão tem uma necessidade quase infantil de que os seus sentimentos sejam considerados extremamente importantes e relevantes. Quer ser tratada com atenção, prioridade e total lealdade.

Quando alguém com a Lua em Leão ama, se torna insubstituível na vida de uma pessoa. É cegamente leal. Essa pessoa vai fazer com que todos os dias tenham algum charme especial e com que a vida seja bonita, que faça suspirar. A pessoa com a Lua em Leão precisa de algum drama. É bastante autocentrada, e raramente percebe que o outro está chateado, a menos que ele se pronuncie.

Trata-se de alguém que teme não corresponder à imagem que tem de si mesmo; alguém que não pode ser ignorado ou sentir que você é indiferente. Nunca os menospreze.

Para esta Lua, expor os próprios sentimentos pode ser, por vezes, humilhante. Quando se sentem rejeitados, esses indivíduos ficam destruídos. Tudo para eles é pessoal, tudo é direto.

É preciso muito cuidado para fazer apontamentos a essa pessoa, pois ela é extremamente reativa quando se trata de proteger o próprio ego.

A dica é primeiramente elogiar o que ela fez de bom ou reconhecer o que há de positivo na situação a ser criticada. Deve-se fazer a advertência sem dizer que a pessoa está errada, mas, sim, que teve uma atitude que chateou você.

Se essa pessoa se sentir pessoalmente ofendida, ela não vai dar atenção ao que você diz, pois vai tentar defender o próprio ego de toda forma, tendo em vista que ele está totalmente vinculado ao seu processo emocional.

■ Lua em Sagitário

Quem tem a Lua em Sagitário precisa se sentir feliz, motivado. São pessoas que desejam ter uma atitude positiva e animada diante da vida. Reclamação e pessimismo as tiram do sério. São do tipo que preferem ver o copo meio cheio.

São generosas, mas ásperas, um pouco intrometidas e excessivamente honestas. Dizem o que vem à cabeça e acham que você deve aceitar. Mas não espere a mesma posição delas, visto que não gostam de ser contestadas em suas "verdades". São donas da razão.

Gostam de pessoas que as acompanhem em suas empreitadas, desde as festas de família até a viagem para a Ásia juntos. Além disso, gostam de quem as desafie intelectualmente. Em geral, foram estimuladas a refletir, questionar, ler e aprender desde cedo, e podem ter tido uma família fisicamente distante ou até mesmo envolvida com algum tipo de religião ou culto. Aqueles com a Lua em Sagitário, inclusive, amam artigos religiosos, amuletos de fé e tudo relacionado à proteção contra más energias.

Precisam entrar em contato com as próprias emoções e compreendê-las, pois normalmente agem por impulso e por isso se lançam em diversas situações prejudiciais. Não pensam, querem viver tudo com intensidade porque a vida foi feita para experimentar. Há sempre alguma filosofia por trás de suas atitudes.

São pessoas que se jogam de cabeça, que almejam determinadas coisas com muita intensidade, e da mesma forma perdem o interesse e buscam uma nova aventura. Portanto, nunca deixe nada morno com alguém com essa Lua.

São exagerados. Quando estão interessados em alguém, contam vantagem, falam de suas conquistas, viagens, filosofias e visões de mundo. Querem compartilhar um objetivo e sentir que a vida vai ser muito boa, feliz e cheia de aventuras.

Sonham com coisas que possam ser conquistadas junto de quem amam.

Mas também são pessoas capazes de idealizar demais, que acabam investindo em alguém por quem se apaixonaram, mesmo que os fatos indiquem que nada daquilo faz sentido ou sequer é recíproco.

Nesta Lua, o otimismo é jupiteriano, forte; então o indivíduo pode acabar fugindo da realidade, esperando que tudo vá sempre dar certo, mesmo quando essa perspectiva não condiz com os fatos nem com o que ele está realmente sentindo.

Lua em signos do elemento ar (Gêmeos, Libra e Aquário)

Quando falamos de um aspecto emocional que está associado aos signos do elemento ar — Gêmeos, Libra e Aquário —, nos referimos à conexão mental que deve acontecer para que a pessoa com a Lua nesse elemento se sinta emocionalmente atendida.

Ela precisa sentir que tem abertura para falar sobre todas as coisas com você, sem medo. Que nenhuma pergunta vai ficar sem resposta. E, se não houver resposta, vocês, juntos, vão buscar teorizar sobre o assunto.

Amor e afeto são sinônimos de parceria e companherismo. Significa ir para cima e para baixo, topar qualquer parada, desde que juntos — até mesmo que seja não fazer nada, apenas curtir a paz do momento...

Ⅱ

■ Lua em Gêmeos

Quem tem a Lua em Gêmeos precisa sentir que a sua inteligência é valorizada e seus pensamentos são únicos.

O amor para esta Lua é parceria pura e também amizade. São pessoas que amam aqueles que se parecem com seus amigos da infância, com os colegas do seu bairro; aqueles que trazem a vontade de vivenciar os domingos em família.

São extremamente envolvidas com ações sociais, sempre participando de atividades em prol de ajudar alguém, mas não ficam muito tempo longe dos seus familiares e amores. A demanda por interação e contato é constante, mesmo que apenas jogar papo fora ou iniciar um diálogo sem grandes ambições. A necessidade emocional, aqui, se satisfaz por meio da troca.

São pessoas que oscilam muito emocionalmente; que esfriam, se afastam e se tornam distantes em situações de desordem emocional. Precisam se retirar para pensar e processar o que estão sentindo.

Não são estáveis. Mudam radicalmente a forma como estão se sentindo, de uma hora para a outra. Qualquer pensamento ou mudança de opinião pode mudar seu humor — e isso pode acontecer várias vezes ao dia.

Os nativos de Lua em Gêmeos têm uma característica central de expressão, então é de extrema importância que aprendam a se expressar emocionalmente.

Ainda que seja de suma importância que as pessoas com a Lua em Gêmeos aprendam essa lição, não é nada fácil. É comum, inclusive, que não consigam expressar seus sentimentos. Se não se esforçarem para enfrentar tal desafio, podem atacar o outro justamente por meio dos pensamentos e das palavras. Vão se valer do deboche e da ironia para causar mágoas.

A Lua em Gêmeos exige certo cuidado em saber que a pessoa pode ser influenciada pela empolgação e euforia por aquilo que é novo e interessante, e depois acabar abandonando os projetos, sucessiva e repetidamente, devido a novas ideias que venham a surgir.

É uma Lua que evita entrar em contato com os próprios sentimentos, porque fica tanto no campo dos pensamentos que já considera ser suficiente. Estimula mais o *pensar* do que o *sentir* e acaba não discernindo o que experimenta, nem compreendendo questões que causam dores emocionais.

♎

■ Lua em Libra

As pessoas com a Lua em Libra têm a necessidade emocional de se sentir equilibradas. Têm pavor de embates. São os políticos do zodíaco. Tentam compensar qualquer ofensa de outra pessoa, optando pela gentileza em vez de responder à altura. Levam seus relacionamentos a sério e sabem se colocar no lugar do outro para compreender como ele está se sentindo.

Não gostam de desagradar ninguém. Se possível, preferem agir com diplomacia, minimizar a desarmonia e evitar o conflito, tanto externa quanto internamente.

São muito afetadas pelas atitudes de quem amam. Se o outro não está bem, elas também não estão bem. Se há discussões em casa, tentam harmonizar o ambiente, escondendo os seus verdadeiros sentimentos.

Muitas vezes acabam por terceirizar as suas questões emocionais, achando que todo sentimento causado é culpa do outro, da reação e da falta de reciprocidade dele. Podem ter dificuldade de reconhecer as próprias ações ou emoções como causadoras de conflito.

Não gostam de lidar com os sentimentos ruins, e por isso estão sempre tentando ignorar ou fugir deles sem ao menos se perguntar o porquê de terem se sentido assim. É uma forma de autocuidado, autopreservação.

Podem ser pessoas ligadas à estética, ao mundo das artes, das relações humanas e da política. São poéticas e amam romantismo.

Tendem a colocar "panos quentes" nas situações que despertam alguma divergência, para que não se estendam e para deixar "tudo bem" o mais rápido possível — muitas vezes sem levar em conta que o outro pode precisar de um tempo para entender o que sente e, talvez, nem mesmo queira que tudo "fique bem" de forma imediata.

Podem depender demasiadamente da aceitação do outro, sentindo fortemente a necessidade de se sentir queridas. São gentis sempre que possível, então se sentem mais abaladas quando alguém é mais ríspido, assertivo ou mal-

-educado com elas; a necessidade de manter tudo sempre harmônico também contribui para esse sentimento. Esse desejo por harmonia também pode ser visto no lar dessas pessoas.

Têm interesse em resolver as coisas, em ouvir os dois lados de uma história, mas também podem acabar querendo agradar a todos por medo de ficar sozinhas, o que vai completamente contra a necessidade emocional de se relacionar que possuem.

Em casa, podem ser aqueles que tentam harmonizar os relacionamentos e deixar o clima bom.

▪ Lua em Aquário

A tendência de quem tem a Lua em Aquário é amar quem lhes possibilita ser autêntico, sem forçar a barra ou esperar grandes declarações de amor. Por isso, o primeiro passo para acessar seus sentimentos é tornando-se um amigo. Parece um contrassenso, mas com esta Lua não é.

Sentimentos não são facilmente compreendidos por pessoas que têm a Lua em Aquário, exceto o de pertencer, de ser próximo e compreendido por alguém. Essa é a porta de entrada para conquistar seu afeto.

Antes de expressarem seus sentimentos, distanciam-se. Podem parecer frias, desinteressadas e ausentes, mas estão apenas tentando compreender o que estão sentindo.

Normalmente, quando estão apaixonadas, passam a procurar tudo o que há disponível sobre o significado do que é amar: o conceito de amor segundo a psicanálise, a filosofia e por aí vai. Precisam realmente entender o que está acontecendo dentro de si mesmas.

São pessoas com grande necessidade de sentir que são integrantes de algum grupo, que têm amigos, que são valorizadas pelos seus ideais, se valendo de atitudes sociais grandiosas para camuflar seus sentimentos e receios com relação à aceitação social, pois esta Lua costuma sentir um aparente "complexo de inferioridade" perante as demais pessoas. Isso acontece devido ao fato de sempre terem se sentido deslocadas no mundo.

A Lua em Aquário sente o desejo de manter suas bases fixas, de levar sua família e sua origem consigo por todos os lugares, mas sabe que existe um grande ponto de conflito para manter aqueles que ama por perto: é profundamente diferente dos outros e se sente atemorizada pela possibilidade de se ver excluída de suas bases sociais devido às suas diferenças.

É uma Lua que quer ser reconhecida e amada, muito mais pelos seus amigos do que pela própria família em si.

A mãe dessa pessoa pode ter algo de peculiar, pode ser única em sua opinião, diferente de outras famílias. Poderia ter um ar rebelde, que contrariava a família, ou pensava diferente dos outros quando mais jovem.

A dose de liberdade e autonomia a envolve, as ideias da mente livre a encantam. A Lua em Aquário esconde um profundo medo de ser quem é, já que pode ser considerada um tanto estranha, e sente a necessidade de se isolar socialmente de vez em quando.

Essas pessoas estão sempre preocupadas com os outros, com situações que julgam realmente importantes — fome, decepções amoras profundas, a perda de um parente significativo —, mas não são de se importar com o que consideram amenidades, como problemas do dia a dia, que podem ser facilmente resolvidos, como por exemplo: seu vestido manchou? Você perdeu seu fone de ouvido? Se não estiver a fim de ouvir um sermão sobre como há coisas maiores e mais graves do que seu sofrimento quanto a essas questões, melhor não reclamar para a pessoa com a Lua em Aquário.

Ela tem dificuldade de simplesmente sentir as próprias emoções. Fica se questionando. Não consegue ter certeza de que está sofrendo, precisa de um tempo para entrar em contato com seus sentimentos, adquirir consciência deles e saber se pode fazer algo com relação a eles.

Pode ter sofrido bullying em algum momento da vida, porque o que afeta seus sentimentos, sua marca emocional, é sempre um problema social, como racismo, machismo, homofobia, transfobia, questões minoritárias ou que estão sob alguma bandeira — e não algo individual.

Tende a lutar muito pelos direitos dos outros, pela inclusão, pela satisfação emocional alheia, mas não consegue fazer isso por si mesma, acabando sempre por passar por cima dessas questões.

Para essa pessoa, é extremamente importante que os amigos dela também gostem de você, e que eles compartilhem suas causas e ideais. Ela vai desejar que você se relacione com os amigos dela, com os grupos dela e que participe de movimentos sociais. Para a Lua em Aquário, entender os sentimentos da maioria é muito mais fácil do que entender os próprios.

Lua em signos do elemento terra (Touro, Virgem e Capricórnio)

Para quem tem a Lua nos signos do elemento terra — Touro, Virgem e Capricórnio —, afeto é dedicação refletida em atitudes de cuidado.

São pessoas que valorizam mais os atos do que as palavras. Para elas, quem ama cuida. Sempre. Quem ama está presente. Quem ama insiste. Quem ama, não oscila. Aliás, inconstância as afasta, assim como explosões emocionais, que não fazem o seu tipo.

São pessoas que se comprometem, firmam acordos e fazem promessas. Não se envolvem emocionalmente se não pretendem construir algo com outra pessoa.

■ Lua em Touro

Quem tem a Lua em Touro desenvolve afeto por alguém em quem sabe que vai poder confiar independentemente de qualquer coisa.

Desconfiados, aqui está uma Lua que tem como demanda segurança, estabilidade, tranquilidade, sossego, calma e familiaridade.

Falamos de alguém cujo amor materno trouxe questões relacionadas a carinho e segurança de saber que é amado por ser quem é. Talvez questões materiais possam vir misturadas à dinâmica de afeto.

Muitas vezes, para essa pessoa, pode ser difícil compreender que ela merece receber afeto independentemente das suas conquistas financeiras. Ela pode se sentir indigna de estima quando os seus negócios não vão bem, por exemplo.

Para a pessoa com a Lua em Touro, afeto é algo concreto. Não pode ser apenas uma ideia bonita. Significa mostrar que o outro vai cuidar dela materialmente, que vai se preocupar com o dia de amanhã, com o sustento de ambos.

Para esta Lua, o afeto começa com as constantes sensações de segurança e confiança no parceiro ou parceira. Quanto mais você cumprir com a sua palavra, quanto mais der apoio em face dos dilemas cotidianos dessa pessoa, quanto mais estiver presente na vida dela, mais sentimento ela vai demonstrar por você.

Não se trata de pessoas com quem vale a pena qualquer tipo de inconstância ou alteração de planejamento sem antecedência. Elas precisam sentir que o conhecem e que há uma constância e também uma previsibilidade de receber carinho e afeto de você. Não podem sentir que se abrir é uma ameaça, pois, logicamente, não querem se abrir para o perigo. Pelo contrário, gostam de conforto e sossego, de sombra e água fresca.

A pessoa com a Lua em Touro precisa sentir que ganha mais um ponto de apoio ao seu lado. Portanto, esteja próximo a ela em dias comuns, fora de ocasiões especiais. Presenteie-a fora de datas comemorativas, faça pequenos gestos de afeto e evite grandes surpresas.

Trata-se de uma pessoa que associa amor aos sentidos do corpo. Tato, olfato, paladar, visão e audição. Voz, perfume, sabonete, hálito e cuidados com a estética causam sensações agradáveis a esta Lua. Presenteá-la com comida e doces pode ser uma ótima pedida.

Se conseguiu gerar serotonina, conseguiu gerar afeto. São pessoas chegadas a sentir prazer. Querem alguém com quem possam se sentir confortáveis para expressar seus sentimentos, e se sentir seguros, amparados e estáveis. Têm valores muito sólidos, padrões de comportamento previsíveis e constantes e podem ser ligadas a costumes.

Não mudam de ideia nem modificam a forma como se sentem somente porque o outro quer. Isso leva tempo; precisam pensar, analisar, reconhecer o que estão sentindo e examinar diversas vezes a situação antes de tomar a decisão de se abrir ou não para você. Por isso, se você tem pressa, talvez tenha problemas para envolver uma Lua em Touro.

♍

■ Lua em Virgem

Quem tem a Lua em Virgem tem grande necessidade de analisar e organizar as próprias emoções. Mantê-las sob controle. São pessoas rígidas, e represam as próprias emoções para que não transbordem a qualquer momento.

Querem se relacionar com alguém que as ajude a melhorar, se aperfeiçoar. Alguém que admiram e com quem querem se parecer, em alguma medida.

Amam quando alguém as ajuda a resolver seus problemas de modo prático, quando as ajudam no cotidiano com suas tarefas e sua rotina. Amor é a preocupação com o básico: seus horários, sua agenda, sua programação e atenção aos detalhes normalmente ignorados.

Pessoas com a Lua em Virgem amam no dia a dia, sem gestos grandiosos e efusividade. É o amor funcional, que cuida, que faz e que cumpre os combinados com quem amam. Têm tanto medo de errar que muitas vezes ignoram o que estão sentindo em nome da razão.

Possuem uma característica mais autocrítica em relação àquilo que sentem, *questionando* sempre se deveriam estar sentindo ou não, se estão certas ou erradas.

Diversas vezes optam pela utilidade, ou seja, são implacáveis demais com os próprios sentimentos e se punem por terem sentido uma coisa e não outra, por agirem de uma forma e não de outra.

Normalmente uma Lua em Virgem tem essa visão de que o lar ou a mãe tem a missão de impor limites, de dizer o que é certo e o que é errado.

Quando a saúde do corpo físico não está bem, é a Lua que mais se manifesta, mesmo que apenas por seu rosto estar repleto de espinhas. O fato de sempre se valer da lógica e da utilidade e tentar sempre submeter seus sentimentos a esse tipo de tratamento faz a pessoa se sentir perdida, uma vez que as emoções não são ciências exatas.

Mantêm uma natureza mais quieta, retraída e reservada com relação à vida emocional. Para essas pessoas, permitir que os sentimentos existam e assumam o controle de si é algo extremamente conflituoso, assim como deixar de ter uma atitude *supercrítica* consigo.

♑

▪ Lua em Capricórnio

Quem tem a Lua em Capricórnio sente a necessidade de ser reconhecido e respeitado. Deseja ser visto como alguém responsável, comprometido, centrado e disciplinado. Não fica de gracinha nem distribui sorrisinhos por aí. Sua expressão é madura, controlada.

Indivíduos que têm a Lua em Capricórnio precisam de pessoas que respeitem, admirem e valorizem suas conquistas. Trabalhadores natos desde sempre, são pessoas que acumulam muitas tarefas e assumem muitas responsabilidades.

São pessoas que estão sempre no controle, que analisam tudo e sempre tentam optar pela forma mais madura de lidar com os sentimentos.

Muitas vezes, esfriam e racionalizam emoções mais intensas. Por isso, são ótimas em situações de emergência. Conseguem se manter impassíveis, e assim se concentrar em resolver conflitos, mesmo que no auge da emoção.

Podem ser extremamente receosas e desconfiadas com aqueles com quem vão partilhar de sua intimidade. Demoram a falar de seus sentimentos e, quando falam, falam pouco. É necessário insistir para que essas pessoas se abram.

Acostumadas à responsabilidade desde cedo, podem não ceder aos sentimentos facilmente, porque precisam estar sempre no controle. Nunca saem do comando.

Quando amam, são sérias.

Quando a emoção vem, a pessoa com a Lua em Capricórnio não consegue simplesmente chorar. Primeiramente, ela leva seu pensamento ao campo da razão, da lógica, e depois conclui se vale a pena dar vazão aos sentimentos naquele momento. Em caso positivo, age de forma extremamente sensata, considerando se pode se permitir ficar vulnerável — tendo em vista as obrigações que precisa atender e cumprir — ou se as emoções devem ser ignoradas.

Por essa razão, são pessoas habituadas a reprimir seus sentimentos. São mais reservadas. Podem até ser mais carinhosas com alguém, mas não fazem da exceção a regra, não são uma porta aberta, não se expõem nem se mostram vulneráveis com facilidade. Normalmente, são aquele tipo de amizade que ouve bastante, mas não diz muito de si.

Carregam consigo toda a esperança de prosperidade familiar. Precisam aprender a se sentir bem, amadas e seguras, independentemente dos negócios e das conquistas materiais.

São pessoas que cobram de si os melhores resultados em tudo o que se propõem a fazer, o que as leva a uma grande insatisfação consigo mesmas quando sentem que não estão conseguindo alcançar suas expectativas.

Lua em signos do elemento água (Câncer, Escorpião e Peixes)

Quem tem a Lua nos signos do elemento água — Câncer, Escorpião e Peixes — sente todas as emoções de forma profunda e vivencia cada sentimento, sem se blindar. Se alguém tentar controlá-la, pode esperar por episódios de violenta explosão emocional.

Tudo o que acontece ao seu redor é sentido e percebido. As pessoas com Lua neste elemento são extremamente intuitivas e ligadas àqueles que amam.

São naturalmente acolhedoras e incluem aqueles a quem dedicam seu afeto como se fossem da sua família. Gostam de proximidade, passar tempo em companhia, carinho, cuidado e atenção.

▪ Lua em Câncer

Quem tem a Lua em Câncer naturalmente deixa as emoções virem à tona e transbordarem; permite-se sentir com toda a intensidade o que a emoção demanda. Exageradamente sensíveis e protetores, esses indivíduos precisam dar e receber muito afeto, formar uma família, ter aconchego, cuidado, amar e se sentir amados.

Têm um apreço especial pelo passado e pelo núcleo familiar. São saudosos e nostálgicos. Adoram histórias antigas e filmes sobre épocas passadas.

É difícil para eles conter as próprias emoções. São guiados instintivamente por elas. Por vezes, justamente para evitarem sentir em demasia, podem se tornar excessivamente controladores e manipuladores de si mesmos ou das pessoas ao redor. O ideal é que se esforcem exatamente pelo contrário. Apenas sentir.

Quanto mais a pessoa que tem essa Lua sente, chora, se entristece, se entrega momentaneamente a tudo aquilo que há dentro de si, mais madura ela se torna e mais rápido se sente melhor e mais centrada emocionalmente.

É o oposto da necessidade de controle emocional. Emoção não se controla, se sente. Se essa Lua se permite sentir, sempre, ela não fica sujeita às explosões emocionais avassaladoras, porque não está na dinâmica do controle. Só se descontrola aquilo que é controlável, o que não é o caso das emoções.

Quem tem a Lua em Câncer pode vir a dar uma importância maior para o que as pessoas de seu círculo íntimo pensam, sentem e desejam.

É alguém que quer cuidar demais, agradar, agir como mãe da pessoa com quem se relaciona ou do grupo de amigos. Pode usar o ato de cozinhar, por exemplo, para se equilibrar, visto que possui uma forte energia de nutrir e de se responsabilizar pelo outro.

É uma pessoa que pode sofrer profundas transformações e se encontrar na vida quando se tornar mãe ou pai.

É provável que tenha desenvolvido uma relação muito importante com a mãe ou então muito conturbada, com laços de dependência ou manipulação afetiva. Outra possibilidade é a de que existe uma relação de muita estima, na qual a mãe costuma demonstrar com bastante veemência sua afeição; e faz de tudo pela família, acolhendo todo mundo. Pode, ainda, carregar uma necessidade de amor não atendida pela genitora.

♏

▪ Lua em Escorpião

Quem tem Lua em Escorpião veio ao mundo para aguentar, digamos… algumas porradas da vida. Essa Lua é feita para lidar com tudo o que há de pior na alma humana. Trata-se de indivíduos intensamente profundos, resilientes e complexos. Sentem tudo ao extremo, mas aparentam (ou pelo menos pensam que aparentam) total indiferença às próprias emoções.

Não costumam agir por impulso. Preferem esfriar os seus sentimentos e controlá-los para depois agir.

De forma amadurecida, rendem-se aos sentimentos mais profundos e às dores mais difíceis. Sentem tudo; vão ao fundo do poço e voltam. São preparados para lidar com mentiras, perdas, traições e situações de guerra de poder, pois viveram isso de alguma forma em casa.

Podem esconder seus sentimentos pelo excesso de desconfiança. Não aceitam tudo de primeira e nunca revelam seus sentimentos por completo. Não querem se mostrar vulneráveis, precisam aparentar poder.

Quanto mais machucados se sentem, mais passam a necessitar de poder. E então podem manifestar um espírito vingativo com quem os decepciona. É possível adquirir esse poder de algumas formas. Ao racionalizar e entrar em contato com a emoção, de fato, uma boa Lua em Escorpião reconhece as próprias forças e também a força que a sua história lhe concedeu para lidar com o que quer que precise enfrentar.

Ela vive esse sentimento com todos os seus ônus e bônus. Extremismo emocional é o que define essas pessoas. Dores, angústias e raiva são sentidas por completo... Esses indivíduos passam muito tempo vivenciando esses sentimentos. Não é um processo rápido. Depois, saem dessa experiência muito melhores. Reerguem-se repletos de conhecimento e de vida, prontos para recomeçar de maneira muito superior. Descobrem o poder da fênix.

Se esse processo de dor e convívio com essa dor não for bem elaborado, tornam-se amargurados, vingativos e cheios de ódio; frios e manipuladores. Vão se lembrar de você pelos sentimentos ruins que desencadeou neles.

É importante entender que é uma Lua de quem transborda emocionalmente, mas não reage de forma imediata nem demonstra emoção no mesmo momento em que a está sentindo, e que, portanto, tende a acumulá-la dentro de si.

São pessoas com grande propensão ao ciúme e à possessividade. Evite enganá-las, pois se tornam tão perspicazes quanto agentes do FBI. No momento em que você *mente*, elas *sentem*.

Em baixas vibrações, é uma Lua que pode ter pensamentos agressivos, suicidas e que pode expressar essa intensa euforia emocional com atitudes extremas, como por exemplo, com práticas masoquistas, tamanha a necessidade de liberação de toda essa carga de emoções.

É necessário que a Lua em Escorpião se aprofunde no conhecimento da própria psique e das próprias emoções, e descubra como reage a elas, até onde elas a levam, quais sombras despertam, além de se dedicar um pouco à aproximação do mundo material e da razão.

Desse modo, será possível desenvolver a habilidade de transformar e curar sentimentos reprimidos — os próprios e os dos outros —, com investigação de histórias do passado, para canalizar parte dessa energia de Escorpião para o trabalho, e não para excessos.

▪ Lua em Peixes

Quem tem a Lua em Peixes sente a necessidade emocional de ser compreendido. São pessoas idealistas, sonhadoras e que têm uma atitude de empatia pelos outros — e por isso muitas vezes acabam misturando seus sentimentos aos daqueles que estão ao seu redor; absorvem os sentimentos do meio e o refletem em si mesmas.

São indivíduos generosos, criativos, sensíveis e amáveis. Transmitem a impressão de eterna dualidade: embora incluam você e o façam sentir extremamente à vontade, parecem nunca estar inteiramente presentes, pois parte deles vive em algum outro lugar desta dimensão.

Têm fortes tendências a escapismos e fugas para evitar lidar com seus medos e suas inseguranças. Costumam reprimir seus sentimentos; de maneira geral, não os consideram tão relevantes quanto os daqueles à sua volta.

Suas explosões emocionais, no entanto, podem levá-los a conhecer partes de si mesmos com que não estão familiarizados, revelando tanto um potencial artístico, sensível e criativo de enxergar os sentimentos quanto um grande descontrole.

Ao mesmo tempo em que estão totalmente disponíveis para acolher a todos em momentos de dificuldade e dor, podem parecer perdidos nos próprios pensamentos e sonhos.

A fantasia, inclusive, é necessária para a vida de uma pessoa com a Lua em Peixes. Ela precisa de doses de escapismo que tornem sua realidade mais leve: vinhos, filmes, novelas, musicais, parques de diversão, restaurantes — qualquer forma de entretenimento funciona como válvula de escape. Por experienciar tudo o que todos sentem, muitas vezes essa pessoa fica profundamente frustrada e desesperançosa quanto ao futuro, tornando-se insegura.

É importante que esses indivíduos trabalhem a fé em si mesmos e na sua capacidade de realizar sonhos. Por alguma razão, podem ter a impressão de que seus sentimentos nunca foram efetivamente validados e compreendidos, portanto, valorizam quem realmente se importa com eles e presta atenção às suas questões.

Por serem naturalmente empáticos, costumam gostar de pessoas que precisam da sua ajuda. Têm um espírito de sebastianismo, querem amparar, socorrer, cuidar e confortar a pessoa que amam, então costumam se relacionar com parceiros(as) bastante desafiadores(as), pois são capazes de fazê-los se sentir confortáveis com os erros que cometem.

Aliás, é necessário muito cuidado ao apontar os erros de alguém com a Lua em Peixes.

São indivíduos que têm muito cuidado e apreço pelos amigos e precisam se sentir parte de um grupo, de uma causa, de um ideal. O principal é a força da amizade.

Em geral, não foram devidamente incluídos em sua família, portanto, pode existir uma grande vontade de pertencer a um novo núcleo familiar, que seja acolhedor, que receba os amigos em casa e que faça todos também se sentirem bem, incluídos e compreendidos.

Românticos e sonhadores, idealizam o amor e as relações, por isso o dia a dia precisa constantemente de algum toque de mágica.

Como nos referimos a um signo que retrata o amor universal, não se ofenda caso você sinta que não é a pessoa mais especial do mundo para essa Lua, pois ela aparenta ter sempre espaço para mais um em seu coração; ama a todos igualmente, até mesmo aqueles que nem conhece muito bem. Você pode sentir que, para essa Lua, a importância que você e o atendente da lanchonete têm é a mesma. No entanto, isso é característico de indivíduos deste elemento, e não quer dizer que seja uma premissa verdadeira. Eles são apenas naturalmente inclusivos.

As pessoas que eles de fato amam são aquelas com quem desejam compartilhar sonhos, escapar momentaneamente da realidade e que respeitam seus momentos de necessidade de isolamento.

CAPÍTULO 4

VÊNUS

No Capítulo 2, analisamos algumas questões relacionadas ao Sol — entendemos a essência da personalidade do outro, o que é vital para que ele se sinta compreendido e respeitado em sua individualidade.

Neste capítulo vamos descobrir *como* ele ou ela demonstra os próprios sentimentos, interesses e quais são os desafios que vocês dois precisam enfrentar, a partir do que há de diferente e semelhante entre a Vênus de cada um.

Conhecida pelos astrônomos da antiguidade como Joia do céu ou Estrela-d'álva, Vênus, o terceiro planeta do sistema solar, é o que irradia mais luz entre os planetas que podemos ver quando olhamos para o céu, e pode ser visto até mesmo durante o dia.

A superfície de Vênus é formada por planícies cobertas de regiões montanhosas e rochas vulcânicas. No entanto, não tem oceanos nem chuva. Suas nuvens são compostas de gotículas de ácido sulfúrico, que envolvem o planeta e impossibilitam uma visão plena de sua superfície.

Assim como com Vênus, ao nos encantarmos com a outra pessoa — que passa a ser a estrela mais brilhante em nosso céu —, não é possível enxergar os seus gostos e preferências imediatamente. Somos todos cobertos por nuvens metafóricas que retêm nossos anseios e desejos dentro de um relacionamento. Você gosta de comédia, ela, de suspense. Você preza pela arrumação diária da cama, ele mal se lembra de trocar o jogo de lençol. Diferenças, contrastes e ajustes, esses são os impasses dos relacionamentos, e Vênus, em nosso mapa astral, pode nos ajudar a solucioná-los.

Embora grande parte dos filmes possa ter estabelecido que o romance e o amor devem ser demonstrados em gestos materiais de afeto — serenatas, buquês de flores, jantares extravagantes etc. —, a vida real nos mostra que cada um de nós encara o conceito de dedicação, carinho e cuidado de formas diferentes. Para alguns, a mensagem de bom-dia — todos os dias — é de suma importância; para outros, uma ligação a cada três dias é o suficiente.

Sendo assim, ao nos relacionar com alguém, é indispensável que possamos compreender como essa pessoa enxerga o amor e o que julga ser afeto. Caso contrário, podemos acabar por acusá-la de não nos amar o suficiente, pelo simples fato de ela demonstrar afeto de uma maneira distinta daquela que reconhecemos.

Grande parte do sucesso dos nossos relacionamentos está enraizado na capacidade que temos de permitir que o outro seja quem é, independentemente das nossas expectativas a seu respeito.

No entanto, é importante que saibamos comunicar nossos desejos e nossas necessidades nos pontos em que o outro é diferente de nós. A única relação em que aquilo que se deseja não precisa ser dito, mas é compreendido de alguma forma, é na relação de uma mãe com o seu bebê. Quando esperamos que o outro compreenda aquilo que é importante para nós, sem explicar o que e o quanto importa, estamos transformando o relacionamento em algo maternal — em que buscamos uma mãe que nos conhece e satisfaz todas as nossas necessidades intuitivamente —, e não em uma ligação de trocas e companheirismo que nos permita crescer juntos.

O grande problema é que, na maioria das vezes, nem mesmo nós sabemos o que de fato queremos; então, como explicar ao outro o que é importante e valioso para nós dentro de uma relação? Como compreender o que se deseja do outro lado da relação, para torná-la repleta de bem-estar e harmonia? Se não temos as respostas para tais questões, como podemos dizer ao outro o que realmente está faltando?

Ninguém que passou pela sua vida passou aleatoriamente. Todas as pessoas com quem você se relacionou, em alguma medida, atendiam aos critérios da sua Vênus. Caso contrário, essa pessoa provavelmente passaria despercebida por você, pois não teria as características nem os requisitos necessários para despertar a sua atração.

O relacionamento que não preencher as necessidades de sua Vênus, muito embora possa parecer atrativo — e arrisco dizer que nem isso vai parecer —, dificilmente vai prosperar. Existem pré-requisitos inscritos em nosso DNA, que, de forma inconsciente, nos fazem buscar e ansiar por determinados tipos de sentimentos, pessoas e situações. Não há aleatoriedade: todos os seus relacionamentos e interesses refletem as suas preferências e necessidades dentro de uma relação segundo a sua Vênus.

Além disso, ao conhecê-la, uma retrospectiva rápida em todas as suas experiências amorosas vai elucidar exatamente por que cada uma chegou ao fim. Decerto, algum dos requisitos essenciais da sua Vênus, ou da Vênus do seu parceiro ou parceira, deixou de ser atendido e o vínculo se desfez.

É lógico que, no que diz respeito ao amor, não há garantias. Pela análise da nossa Vênus é possível encontrar grandes pontos de conflitos e afinidades, mas o simples fato de você se identificar e ter uma boa convivência com alguém não garante que ambos estejam dispostos a trabalhar juntos para superar as questões que, invariavelmente, vão se apresentar na relação. Logo, o conhecimento das características da Vênus de cada um vai ajudá-lo no processo de respeitar e conhecer o outro, não exigindo dele algo que não possa lhe oferecer porque, simplesmente, não é a forma dele de ser e/ou amar.

Vênus que estão localizadas em um mesmo elemento apresentam uma afinidade natural dentro da relação: busca de objetivos semelhantes e mesma forma de demonstração de sentimentos. Ou seja, esse tipo de cobrança não vai fazer parte do relacionamento. Talvez o que possa existir seja a sensação de que os sentimentos não são demonstrados o suficiente, mas não vai haver dúvidas de que existam —

pois um entende a linguagem de amor do outro. Entretanto, vale lembrar, isso também não é garantia de uma relação próspera e duradoura.

Com as Vênus localizadas no mesmo elemento, é possível que ambos sintam falta de estímulos diferentes e novos desafios, sob o risco de a relação cair na rotina e se tornar monótona. Tudo pode parecer mais do mesmo, previsível, aquilo que já se espera. Logo, quando temos duas Vênus localizadas no mesmo elemento, é necessário cuidar para que a relação não se acomode e perca o encanto.

É importante que ambos se desafiem e não permitam que a relação se torne passiva e sem graça devido à falta de "algo a mais". Por exemplo, duas pessoas com suas Vênus localizadas em signos de ar (Gêmeos, Libra ou Aquário), embora prefiram intimidade e reservas, podem saltar de paraquedas para sentirem que sua conexão e confiança um no outro são firmes o suficiente para não soltarem as mãos durante a queda. Como veremos adiante, este não é o seu ímpeto natural — buscar aventuras e adrenalina —, mas ambos podem se projetar para fora da zona de conforto em busca de movimentar a relação.

Da mesma forma, quando falamos sobre Vênus em elementos diferentes ou até mesmo conflitantes, precisamos ter em mente o fato de que o relacionamento vai exigir adaptação e um olhar bastante atento às necessidades um do outro. É preciso compreender, por exemplo, que, muitas vezes, o outro não vai atender às suas expectativas ou demonstrar afeto da forma e na proporção em que você precisa e deseja, e isso não significa que os sentimentos não existam; somente que existem de forma diferente dos seus. O esforço de reconhecê-los vai trazer leveza à relação, além do ganho de respeito à autonomia e à individualidade do outro, tornando-nos atentos às diferenças, sem que isso se torne um empecilho.

Para trabalharmos nossa Vênus, vamos entender quem somos dentro dos nossos relacionamentos, o que buscamos e o que realmente valorizamos. Anote em seu livro as respostas às seguintes questões:

Quais são os seus hobbies e o que você faz para se divertir?

_____

_____

_____

_____

Qual o ponto convergente em todos os seus relacionamentos? O que seus amores têm em comum?

_____

_____

_____

_____

Há algum dilema que se repetiu entre um relacionamento e outro?

_____

_____

_____

_____

_____

Que características um relacionamento precisa ter para empolgar você e fazê-lo se arriscar?

_____

_____

_____

_____

_____

Por que seu último relacionamento acabou? O que faltou?

_____

_____

_____

_____

_____

Qual o seu maior medo ao entrar em um relacionamento?

_____

_____

_____

_____

Vênus nos signos

Vênus em signos do elemento fogo (Áries, Leão e Sagitário)

Quando a Vênus se encontra nos signos de fogo, o amor precisa ser vivido de forma passional, aventureira, dramática e intensa. Essas Vênus têm urgência: querem, e querem agora. Não existe ir com calma, com cautela, ter certeza ou pensar muito. Gostam de amores ousados, atrevidos, que enfrentem tudo para estar ao seu lado. Amor é fogo e precisa consumir. Você é quem precisa se adaptar a elas, pois exigirão que você as acompanhe em tudo. Com a Vênus regida pelo fogo, dificilmente há duvidas sobre o seu interesse. São sempre muito objetivas com relação às suas intenções.

Como o fogo consome rapidamente, não há tempo para fingimentos e enrolações. Precisam sentir que você é a pessoa-chave que faltava para a concretização dos seus ideais e sonhos. Por isso, não podem se sentir ignoradas ou rejeitadas. Vão exigir atenção constante às suas necessidades e aos seus interesses — não basta apenas a sua presença física. É necessário que você esteja ali, com elas, totalmente entregue. Se sentirem que são apenas mais um interesse entre tantos na sua vida, vão perder o interesse.

♈

▪ Vênus em Áries

Quando Vênus se encontra sob o signo de Áries, podemos, finalmente, acreditar em amor à primeira vista. Não como algo lúdico, destinado ou vindo dos Céus, mas porque esta Vênus realmente pode se apaixonar de imediato: se depara com alguém, deseja essa pessoa e toma uma atitude na mesma hora. Esses indivíduos são instantâneos: se houver interesse, vai acontecer; se não houver, nem adianta insistir muito. Se gostarem de você, vão deixar bem evidente. E o contrário também.

Gostam de adrenalina e movimento. Estão prontos para tudo, é só lhes dar cinco minutos. Com eles, a vida precisa ter agitação e movimento. Nada de mesmice. Preferem ser aqueles a tomar a atitude dentro do relacionamento. Sentem-se acuados quando abordados: têm o instinto de estar no controle. Não suportam mentiras, encenações ou jogos. O envolvimento deve ser muito honesto e sincero, pois assim são seus sentimentos. Seja direto e assertivo com eles, pois é assim que vão ser com você.

Impacientes e irritadas, as pessoas com esta Vênus, muitas vezes, precisam de alguns pequenos conflitos e algumas discussões presentes no relacionamento para sentirem que o amor está ali. Não são pacíficas, nem calmas. Não gostam de pessoas ou relacionamentos monótonos. Querem um parceiro ou uma parceira que tope suas loucuras e novas ideias a qualquer momento, e sem muito questionamento: "Vamos?", "Ok, vamos!"

Dicas: pode ser difícil conquistar esta Vênus, porque, normalmente, é ela quem toma a iniciativa da conquista. No entanto, se isto não acontecer, nem pense em fazer jogos ou não demonstrar o seu interesse. Quanto mais direto e assertivo for ao expressar seus sentimentos, melhor. Convide-os para programações que envolvam aventura, adrenalina ou agitação.

♌

▪ Vênus em Leão

Quando Vênus se encontra sob o signo de Leão, amor e paixão se confundem. O amor precisa ser como nos filmes: romântico, arrebatador, fazer suar frio e provocar a sensação de borboletas no estômago. Sendo o drama incurável uma característica nata de qualquer leonino, isso não seria diferente no amor. Essas Vênus gostam de demonstrações públicas e explícitas de afeto. Querem ser a sua prioridade e sentir que são sua escolha mais óbvia. Não querem disputar espaço com ninguém. Desejam ser admiradas, notadas, queridas e amadas. Caso contrário, você pode esperar por uma manifestação bastante direta de descontentamento.

Em contrapartida, são extremamente empenhadas quando o assunto é a conquista. Vão trabalhar arduamente para que você se sinta a pessoa mais especial e importante do mundo; vão ser calorosas, animadas e divertidas; vão deixar evidente que havia outras opções de pessoas que poderiam ter escolhido em seu lugar e que poderiam estar em lugares diferentes, mas a escolha delas foi você. Logo, demonstre o privilégio que é estar ao lado delas.

É uma das Vênus mais fiéis, pois Leão, mais do que fidelidade (algo racional), tem íntima ligação com a lealdade (emocional e instintiva). Interessam-se por pessoas dignas e honrosas, logo, desprezá-las ou desvalorizá-las é o caminho para o fim de um relacionamento com essa Vênus.

Dicas: se você quiser conquistar essa Vênus, demonstre todos os seus sentimentos mais apaixonados, pois afeto, para essas pessoas, precisa ser público. Elogie, repare nos detalhes e jamais as ignore. Querem se sentir únicas, portanto, precisam sentir que você as trata de forma diferente das demais pessoas. Nunca as coloque como segunda opção, pois esta é a receita para perdê-los.

■ Vênus em Sagitário

Quando a Vênus está sob o signo de Sagitário, o significado de amor é ter com quem viver todas as experiências mais loucas que a vida possa proporcionar. Com eles, não existe tédio. Querem um amor que caminhe em uma linha muito tênue com uma grande amizade: sair em grupo e rir, viajar, beber, filosofar sobre a vida e conversar sobre os mistérios que a NASA ainda não nos revelou.

Não é uma Vênus que vai lhe contar de seus fracassos, erros e falhas. Sempre vai contar suas vitórias e proezas, coisas grandiosas que já fez, aventuras que viveu e lugares que conheceu. Gosta de exibir o que faz bem, o conhecimento que tem, seus talentos, suas habilidades e aptidões. Quem tem essa Vênus quer que você sinta que nada pode ser mais legal e empolgante do que a vida ao seu lado.

Bem-humoradas, essas Vênus usam a brincadeira como estratégia de conquista. Aproximam-se quebrando o gelo, soltando uma piadinha, contando alguma história divertida que viveram e sempre fazem questão de que você esteja se sentindo muito à vontade.

Atraem-se por pessoas mais positivas, otimistas, bem-humoradas, alegres, que contem episódios felizes da vida, que estejam prontas para tudo, que sejam exploradoras, que queiram se aventurar e que também falem de suas filosofias de vida. Gostam muito de se sentar e conversar sobre assuntos místicos, sobre o mundo, diferentes culturas.

Interessam-se por pessoas viajadas, cultas, expansivas e espontâneas. Sem isso, é impossível que você seja o que mais desejam: um amor que seja seu maior parceiro de loucuras. Querem que você olhe para o seu futuro e se encha de expectativas com as experiências incríveis que ainda vão viver juntos e o quanto vão se divertir.

Têm uma obstinação que levam também para o relacionamento. Colocam-se na cabeça que vão viver uma história com alguém, vão levar isso junto delas o máximo possível. Por isso, não é muito comum, como alguns acreditam, que sejam infiéis. Quando estão interessadas, se entregam com muita intensidade ao relacionamento e tentam fazê-lo dar certo a todo custo. Dificilmente desistem, se o fazem é porque deixaram de ver diversão e perspectivas no relacionamento.

Dicas: para conquistar essa Vênus, você precisa demonstrar todo o seu bom humor e simpatia. Convide-a para viagens, shows de stand-up, cinemas e cursos relacionados a interesses que vocês tenham em comum. Converse sobre suas filosofias de vida, de religião e de espiritualidade.

Vênus em signos do elemento ar (Gêmeos, Libra e Aquário)

Quando a Vênus se encontra nos signos de ar, o amor precisa ser positivo, razoável, equilibrado, alegre e compreensivo.

Diferentemente da Vênus em terra, o amor não precisa de certezas, mas de trocas e parceria. É necessário bastante conversa e estar sempre aberto ao diálogo. Versatilidade encanta essas Vênus: são pessoas que admiram quem é capaz de se adaptar aos mais diferenciados ambientes e situações. Gostam de conversar sobre tudo: política, futebol, religião. Não há assuntos proibidos. Inclusive, proibi-las vai totalmente contra o seu código de amor.

Assim como o ar, são livres de amarras. Quanto mais soltas deixá-las, maior a chance de voltarem. São pessoas tolerantes, objetivas, inteligentes e que precisam compreender tudo ao redor. Perguntam, questionam e se interessam por todos os pormenores do que está sendo dito. Se não questionam é porque não se interessam.

Leve-as a lugares onde possam refletir. Uma trilha ou um passeio ao ar livre podem render ótimas conexões e trocas. Pense em mais de uma opção de passeio, tenha um plano B disponível e seja flexível com seu compromisso. Lembre-se: com os signos de ar, é preciso ser leve.

♊

▪ Vênus em Gêmeos

Quando Vênus se coloca sob o signo de Gêmeos, relacionamento é troca intelectual. Preferem horas de conversa ao telefone, áudios gigantes, cartas, mensagens e infinitas conversas ao pé do ouvido. A atração é pela versatilidade:

gostam da capacidade que têm de falar dos mais diversos assuntos com naturalidade, gostam de mostrar que sabem um pouco sobre todos os assuntos que são mencionados e vão fazer questionamentos constantes apenas para demonstrar que têm interesse no que você conta.

Preferem uma vida a dois mais dinâmica, sem muitas repetições de programas e de lugares. Gostam de emendar programações e fazer várias coisas em um mesmo dia: sair para almoçar, ir ao parque, ao cinema e mais tarde jantar. Quem sabe encontrar os amigos para uma cerveja depois? Essa Vênus, quando gosta, topa, literalmente, tudo.

Quando gostam de alguém, procuram qualquer desculpa para entrar em contato e manter a conversa: mandam mensagens, áudios, indicação de livros, frases, artigos, músicas. Podem ser inconstantes — acordam de bom humor e, ao longo do dia, isso logo muda —, e é importante que o parceiro ou a parceira respeite os (curtos) períodos de mudança, porque, em um breve espaço de tempo, o melhor dos companheiros retorna com alguma programação nova para vocês dois aproveitarem.

Dicas: para conquistar essa Vênus, a ideia é trazer leveza. A mesa de um bar pode ser um lugar muito interessante para um primeiro encontro. Falem sobre tudo e mais um pouco. Não tenha medo de puxar assuntos que considere bobos e de fazer comentários sobre quem está na mesa ao lado. De preferência, emende em uma nova programação. Junte os amigos e apresente essa pessoa a eles.

♎

■ Vênus em Libra

Quando em Libra, a Vênus se fortalece: fica bem posicionada, pois é um signo que ama relações. Vênus em Libra se interessa por reciprocidade. Alguém que contribua para a relação na mesma medida que ela. Interessam-se por quem se importa com elas, nada de dificuldade ou desafio: o amor tem que trazer paz, leveza e equilíbrio. Crises frequentes, discussões, altos e baixos, brigas e inconstâncias são o terror para esta Vênus.

Reparam em tudo o que for estético: perfume, cabelo, sorriso, se sua roupa combina ou não, estilo, cores, detalhes que você escolheu para compor o seu look. Reparam nos seus acessórios e fazem questão de dizer que gostaram. Amam pessoas educadas, agradáveis, gentis, simpáticas e que deixam o ambiente mais leve.

Adoram elogios, mensagens fofas, bilhetinhos, músicas românticas e jantares à luz de velas. São pessoas românticas típicas e não têm problemas em admitir isso. Grosseria as afasta, harmonia as aproxima. Não gostam de amores arrebatadores, preferem a tranquilidade. Evitam conflitos e brigas. Detestam o "oito ou oitenta". Não lhes dê ordens e não trate as pessoas de forma diferente, pois elas não toleram injustiças; jamais trate mal alguém, não humilhe, grite ou faça escândalos. A desarmonia é desesperadora para estas Vênus. Preferem se sentar em casa e conversar. Para os outros, apenas demonstrações explícitas de afeto. Libra é extremamente preocupada com sua imagem pública. Não costumam tomar a iniciativa dentro dos relacionamentos, normalmente, aguardam o movimento do outro. Adoram acompanhá-lo nos mais diversos programas: o importante é a sua companhia. Mercado? Vamos! Casa da sua avó? Lógico! Praia? Só se for agora!

Dicas: para conquistar essa pessoa, experimente o caminho do meio. Se for convidá-la para uma programação, apresente a ela as opções que lhe agradam. Não determine. Ou, peça-lhe três opções, e então decida. Tente não se irritar com a sua indecisão: se estão indecisas ou indiferentes, é porque o que querem de você é apenas a sua companhia. Você pode decidir onde e como.

■ **Vênus em Aquário**
Quando a Vênus se encontra sob o signo de Aquário, todas as regras sobre o que é o amor se dissipam. Se, com frequência, amor é posse, aqui é liberdade. Se amor é ter, aqui é ser. Ser quem você é, da forma mais autêntica possível, e não ser julgado por isso. Estas Vênus valorizam a autenticidade. Preferem pessoas fora do padrão, com algo único em si, que demonstrem certas doses de rebeldia e loucura; que possam acompanhá-las em tudo, a todo momento — de madrugada, de dia, à noite —, assim, de repente, quando a ideia vier à

cabeça. Pessoas muito certinhas, metódicas, populares ou com muitas amarras as entediam. Gostam de quem tenha assuntos interessantes, inteligentes, que se sinta deslocado no mundo, que tenha uma trajetória de vida pouco óbvia, comportamentos e ideais próprios, que lute pela justiça social e que respeite a sua individualidade.

Costumam querer proporcionar ao parceiro ou parceira experiências pelas quais nunca tenham passado, novas e inusitadas. Deixam a pessoa com quem se relacionam muito à vontade, não tentam obrigá-la a nada, não fazem cobranças e têm aversão a rotinas estabelecidas com antecedência. Detestam previsibilidade. Gostam de deixar rolar solto, de criar as próprias regras, de mudar a programação, o horário ou o local, só pelo prazer de não fazer o que estava planejado. Gostam de se isolar, de fazer atividades sozinhas e detestam drama. Gostam de poder desmarcar um compromisso com alguém, sem dramas.

O amor é vivido de forma revolucionária: é preciso que a outra pessoa se interesse pelo bem-estar dos outros, por causas sociais e por questões grandiosas. É importante que o parceiro ou a parceira não fale só de si, pois esta é uma Vênus que gosta de conversar sobre todos os assuntos possíveis. Embora valorize as saídas individuais, se realmente estiver interessada em você, logo o incluirá no seu ciclo de amigos.

Para esta Vênus, é indispensável que o seu parceiro ou sua parceira seja amigo de seus amigos e que todos possam (com muita frequência) sair juntos para se divertir. Se só houver programa a dois, o prazo de validade desse relacionamento será curto. Querem no amor o seu melhor amigo — e que ele seja, também, amigo dos seus amigos!

Dicas: esta Vênus pode dar passos atrás quando alguém demonstra interesse diretamente, por isso é sempre melhor manter a linha de "apenas amigos" para aumentar as chances de fazer a pessoa se interessar por você. Deixe que ela confesse seus sentimentos primeiro. Não grude, não fique no pé e não cobre atenção constantemente. O ideal é você, primeiro, aprender como essa pessoa funciona, uma vez que é sempre fora do padrão. Inclua-a nos seus grupos de amigos. Talvez, até mesmo o primeiro encontro possa ser com amigos juntos. Eles se sentirão mais à vontade do que algo feito a dois.

Vênus em signos do elemento terra (Touro, Virgem e Capricórnio)

Quando nos referimos ao planeta que rege o amor localizado em signos do elemento terra, o afeto precisará ser palpável. Físico. Demonstrado e comprovado. O amor não vai poder ser uma aventura inconstante e incerta: quem ama uma dessas Vênus deve pisar em terra firme, com cautela, paciência e serenidade. Deve demonstrar estabilidade, calma e firmeza. Precisa compreender que há um tempo para todas as coisas, e apressar as coisas apenas vai fazer com que os nativos desse elemento se tornem ainda mais introspectivos.

São pessoas reservadas. É necessário certo tempo para que expressem seus sentimentos e somente o farão quando sentirem que você tem responsabilidade para lidar com eles. Precisam de calma para que a relação evolua.

Procuram no outro um abrigo, e também segurança emocional, regras bem estabelecidas, compromisso e seriedade. Demoram a tomar uma posição, mas dificilmente voltam atrás. Meses de discussão podem ser poupados se você apenas se distanciar fisicamente desta Vênus e deixá-la compreender a falta que você faz no dia a dia dela.

Leve-as a lugares de onde você tem referências, que pesquisou com antecedência ou conhece por indicação de alguém confiável. Essas Vênus preferem o que é certo àquilo que traz qualquer risco. Mencione seus projetos profissionais, suas metas e como você tem o hábito de perseverar em tudo que se propõe a fazer. Para uma Vênus em terra, você deve ter o mínimo de planejamento para os eventos e encontros. Ela não gosta de imprevistos ou surpresas desagradáveis. É pouco flexível diante de cancelamentos, principalmente os que acontecem em cima da hora.

Portanto, opte pela utilidade. A intenção é que você seja inserido no dia a dia da pessoa, ajudando-a materialmente a otimizar sua rotina. Agendas, cadernos, *planners*, livros ou mesmo artesanatos podem ser boas dicas de facilitadores desta tarefa. Vouchers voltados ao cuidado com o corpo, como uma tarde no spa ou em uma clínica de tratamento para a pele também são ótimas opções.

♉ Vênus em Touro

Quando Vênus se coloca sob o signo de Touro, o amor precisa ser sólido e concreto. O amor é representado pela presença, pelo toque físico: tocar, abraçar, acariciar, sentir o cheiro, o gosto do beijo e trocar olhares por algum tempo. Não espere grandes gestos, elas são chegadas à simplicidade: um brigadeiro na sua mesa após o almoço significa um grande "eu te amo". Não é o tipo ideal para o amor a distância, embora sua determinação possa fazê-los enfrentar até mesmo isso se houver prazo e condições expressamente determinados.

Essa Vênus precisa ver que você vai estar ali por ela, independentemente do que venha a acontecer. Perceba que a escolha do verbo não foi aleatória: ela precisa *ver* que você vai estar presente. E vai exigir provas concretas e materiais da sua fidelidade e disponibilidade. Conecta-se com pessoas assíduas, constantes e dedicadas. Não gosta de ausência, sumiços, oscilações ou jogos. Isso a leva ao desinteresse.

São pessoas que não gostam de imprevistos, mudanças repentinas e não apreciam que desmarquem um compromisso em cima da hora ou que as deixem esperando. Não esquecem com facilidade, pois têm a característica do apego. Apreciam a nitidez, a viabilidade e a disponibilidade. Têm um forte senso de posse: o que é delas, é delas — impulso que as leva a episódios de ciúmes, possessividade e controle.

A necessidade de certeza e estabilidade em tudo o que fazem pode levá-las a questionar a sua confiança com frequência. É fundamental ter jogo de cintura para mantê-las confiantes, principalmente no início do relacionamento. É preciso calma e paciência. Pela ligação com o elemento terra, valorizam a estabilidade financeira e o trabalho. Interessam-se por pessoas que sejam dedicadas às suas atividades, ocupadas com os estudos e a carreira, financeiramente organizadas ou que busquem crescer profissionalmente.

Precisam enxergar que o amor entre vocês dois é viável, que há possibilidades reais de concretização. Não há meias-palavras ou dúvidas: se não quiserem investir na relação, você vai saber.

Dicas: se você quer conquistar essa Vênus, precisa entender, antes de tudo, que o amor está no cuidado prático. Faça planos, leve-a a restaurantes com referência ou por indicação de alguém que você considera importante, presenteie-a sempre que possível — coisas simples: uma flor, um chocolate ou um bilhetinho. A Vênus em Touro também aprecia os aromas e as texturas. Bons cremes, perfumes e sabonetes podem ser ótimas pedidas.

♍

∎ Vênus em Virgem

Quando Vênus se coloca sob o signo de Virgem, o amor é aperfeiçoamento diário, construído e consolidado a partir da convivência, da rotina e da presença. Colocam-se disponíveis para resolver seus problemas, ajudá-lo a organizar sua agenda, seus compromissos e sua rotina. O amor precisa funcionar. Ser viável, sem grandes desafios. Tem que ser leve e sem grandes doses de intensidade. Com frequência, ocorre uma desilusão amorosa ortográfica. Se você não for capaz de acompanhar o raciocínio ou os pensamentos dessa pessoa, é possível que ela acabe se desinteressando.

Vênus em Virgem são discretas e analíticas. Sentem-se mais à vontade com pessoas de hábitos bem definidos e conhecidos. Importam-se muito com a higiene. Podem se desinteressar caso percebam que essa não é uma prioridade sua.

Sendo críticas como são, quanto mais gostam de você, mais se sentem à vontade para apontar defeitos e observações que consideram necessários à sua evolução. Amam a simplicidade, então vão achá-lo lindo quando sair do banho, de cabelo molhado e com a pele cheirando a sabonete. Prestam atenção aos detalhes. É tudo preto no branco. É ou *não é*. Não falam nas entrelinhas e preferem a objetividade e a assertividade, a hipótese e a possibilidade.

Dicas: para conquistar uma Vênus em Virgem, o mais importante é ter disponibilidade. São os cuidados do dia a dia que fazem a diferença. São pessoas discretas, por isso evite grandes gestos ou demonstrações públicas de afeto. Dê preferêcia a ouvi-las em seus desabafos sobre problemas cotidianos. Estabeleça uma rotina e uma constância nas conversas de vocês. Mande mensagem fora de hora, não apenas em ocasiões especiais. Peça indicações de profissionais com quem já tenham se consultado. Divida seus problemas: essas pessoas adoram se dispor a buscar uma solução para eles.

♑

■ Vênus em Capricórnio

Quando Vênus se coloca sob o signo de Capricórnio, o amor é fruto de um investimento e um trabalho contínuos, e demanda tempo para atingir seu potencial máximo. Aqui, o amor requer compromisso e seriedade, por isso as pessoas com Vênus em Capricórnio são bastante reservadas com relação aos seus sentimentos. Costumam se interessar por pessoas mais velhas, mais experientes ou que sejam extremamente maduras.

Precisam sentir que você tem um plano, um futuro, uma carreira, perspectivas e sonhos a concretizar. Querem um parceiro ou uma parceira que vá oferecer apoio na busca por seus objetivos, e não grandes demonstrações de afeto. São extremamente cautelosas, realistas, reservadas e estratégicas. Gostam de programas antecipadamente planejados: roteiro programado e restaurante conhecido com mesa reservada. Se funciona, não tem por que mudar.

São prestativas e práticas, o que faz com que suas emoções sejam demonstradas por meio de gestos de carinho e de lembrança: vão chegar ao compromisso no horário, conforme estabelecido com você, não vão deixar faltar nada do que você gosta na geladeira, como o seu suco favorito ou a cerveja da sua marca predileta. Vão registrar e guardar os detalhes objetivos que lhe fazem bem.

Não têm tempo para investir e lutar por alguém que percebem que não está entregue ao relacionamento, que oscila muito ou que realmente não está interessado. Observam primeiro e agem após a certeza de que a relação vale os riscos envolvidos.

Não perdem tempo ou dinheiro. Quando estão interessadas, mostram a sua produtividade, falam muito de suas conquistas e do trabalho, dos seus valores e dos planos para o futuro. Preferem investir em relacionamentos com chances reais de acontecer: não costumam apostar naqueles com muitos conflitos, como distância, grande diferença de idade ou de classe social. Precisa ser algo que foi feito para funcionar e durar. Apreciam pessoas competentes, com autocontrole, que pensem no longo prazo, que sejam comprometidas com a carreira e que não voltem atrás com a palavra.

Dicas: uma boa forma de se aproximar desta Vênus é por meio de questões que ela considera realmente essenciais: família e trabalho. Tire dúvidas profissionais, peça a opinião dela com relação aos seus próximos passos, estudos e ideias para sua carreira. Divida com ela o fardo que é sacrificar estar em casa para estar no trabalho. Envie mensagens motivacionais com relação aos objetivos que ela persegue. Peça dicas de investimento. Converse sobre suas ideias para o futuro.

Vênus em signos do elemento água (Câncer, Escorpião e Peixes)

Quando a Vênus se encontra nos signos de água, o amor precisa ser sentido. Não querem aventuras, conversas ou certezas: querem sentir que têm em seu amor um lugar de pertencimento, um colo para deitar, alguém para acariciar e por quem zelar.

Amam amar o outro, apreciam cuidar, nutrir e afagar. Quando amam, não fazem grandes alardes, costumam amar em silêncio, discretamente. Preferem conexões profundas, quietas, mas que sejam de almas. Querem atender às necessidades do outro e cuidar das suas emoções.

Querem completude: tudo ou nada. Não sabem amar pela metade, entregam-se por inteiro ao serem amados e fazem do outro o seu alvo de dedicação integral, muitas vezes a ponto de se esquecerem de si mesmos. Para os signos de água, o amor é tão natural como respirar. Mais do que qualquer outro elemento, eles temem a rejeição, a solidão e o isolamento. Buscam nas relações conforto e aconchego. Querem sentir que existe um lar para onde voltar.

■ Vênus em Câncer

Quando a Vênus se encontra no signo de Câncer, o amor está ligado aos mais nobres atos de cuidado. É a mais romântica de todas as Vênus. Sonha com o par ideal, com o lar, com a decoração do casamento. Prefere pessoas que tragam uma sensação de intimidade, de conforto e de familiaridade. Muitas vezes, tem grandes saudades de amores antigos e de conhecidos e afetos do passado. Acolhedora, essa Vênus sente-se desequilibrada quando está em conflito com quem ama.

Esses indivíduos têm interesse por pessoas a quem possam dar colo, cuidado, aconchego e carinho. Em contrapartida, qualquer esquecimento pode ser compreendido como abandono ou desamparo, culminando em crises de choro e ciúmes. Costumam cobrar a devoção que concedem. Apesar de ser uma Vênus que demonstra mais delicadeza, sutileza e afeto, não dá intimidade para todo mundo.

Quem tem essa Vênus costuma lembrar muitas coisas do parceiro ou da parceira, pergunta da família, da saúde, se se lembrou de levar um casaco, se está bem, como foi o dia — tudo com um interesse genuíno e muita dedicação às pessoas que o rodeiam. Tende a levar as pessoas de quem gosta para o seu meio familiar, seja o amigo ou amiga, seja o namorado ou namorada. Essa Vênus gosta de mostrar que as pessoas que são importantes para você são importantes para ela também, e gosta de saber que isso é recíproco. Ela vai incluí-lo nos programas de família: se tem interesse por você, logo vai apresentá-lo à mãe, ao pai, aos avós, aos tios, aos primos e a todos os agregados. É pegar ou largar.

Dicas: para conquistar essa Vênus, é necessário manter proximidade, para criar intimidade e a sensação de familiaridade. Não deixe de compartilhar seus sentimentos com essa pessoa e, sobretudo, demonstrar cuidado e muito carinho com a forma como ela se sente quando compartilhar algo com você. Demonstre interesse genuíno pelos assuntos relacionados à sua família e ao seu passado.

♏

▪ Vênus em Escorpião

Quando Vênus se encontra sob o signo de Escorpião, o amor precisa ser de alma. Deve ser um mergulho em que só é permitido retornar à superfície após tocar o fundo. Precisa tocá-la de forma profunda, fatal. Pode faltar tudo, menos química. Essas Vênus costumam se interessar por pessoas que as desafiem e as provoquem, que não deem garantias de permanência, estabilidade ou certezas. Se a pessoa está muito acessível, fácil ou em suas mãos, não se sentem atraídas. Não é uma questão de fazer jogo: elas gostam da conquista e até mesmo da sensação de que podem perder o parceiro ou parceira.

Essas Vênus costumam amar mais quando estão sob ameaça ou possuem concorrência, mesmo na infância. É comum que a criança com Vênus em Escorpião não ligue para um brinquedo até que outra resolva querer brincar com ele.

Os afetos são intensos, eróticos e com grande carga sexual, sendo esse último um ponto crucial em sua afeição. A satisfação sexual é garantia na conquista de uma Vênus em Escorpião. Crises na relação sexual são sinais de crises no relacionamento como um todo.

Dedicam-se de corpo e alma, mas não toleram traições de qualquer tipo. Caso isso ocorra, podem eliminar facilmente uma pessoa da sua vida e nunca mais ter qualquer tipo de contato com ela. Matam e morrem por amor. Não desistem facilmente e não se abalam com as crises.

Dicas: se você quer conquistar uma Vênus em Escorpião, a sedução e o mistério precisam estar envolvidos. Uma noite de amor, cheia de intensidade, é indispensável. Além disso, nem pense em jogar com esta Vênus ou fazê-la sentir ciúmes. Ela quer a sua entrega completa, compartilhar segredos e momentos íntimos.

■ Vênus em Peixes

Quando a Vênus está no signo de Peixes, o amor é um grande sonho a ser realizado. São pessoas que sonham com o seu par desde muito cedo. Idealizam, sofrem, criam uma vida a dois em sua mente e são capazes de amar em segredo por anos. Não apontam defeitos: amor é completude. É amar o todo, até o que está fora do lugar, ou pode ser considerado errado para o resto da sociedade. Amam sem julgamentos e sem limites, a ponto de se sacrificarem pelo ser amado.

Não recebem bem críticas, não as enxergam como fruto de amor ou intenção de melhora, mas como humilhação. Por esse motivo, deve-se tomar cuidado na forma como se aponta críticas às pessoas com essa Vênus.

Amam criar no ambiente um clima fantástico. São muito tolerantes e flexíveis. A empatia delas é tão grande que tomam esses cuidados e, por vezes, se perdem na dedicação ao outro, pela empatia em grandes doses, e acabam se esquecendo de si.

São românticas, poéticas, gostam de um clima mágico, de sedução e de romance. Janelas abertas, música, céu estrelado, conversas singulares, viagens mentais e frases como "você é tudo o que eu sempre sonhei" são típicas desta Vênus. Não gostam do peso do cotidiano, por isso adoram tudo o que as afaste da rotina. Precisam admirar você e criar fantasias ao seu lado. Adoram as histórias que vivem nos próprios sonhos. São pessoas doadoras. Sentem quando o outro teve um dia difícil ou precisa de sua atenção, e não vão poupá-la. Podem, no entanto, vir a não se sentirem vistas dentro do relacionamento, o que as levará a sentimentos de exclusão e rejeição.

Dicas: se você quer conquistar essa Vênus, precisa ser direto, romântico e demonstrar muita sensibilidade. Como valoriza as conexões e adora tudo o que é ligado à espiritualidade e ao misticismo, invista nos presentes mais esotéricos: como incensos, amuletos, pedras e livros sobre espiritualidade. Música também a encanta, logo, convidá-la para um show pode ser uma ótima pedida.

CAPÍTULO 5

MARTE

Até aqui, já nos tornamos capazes de identificar algumas respostas aos nossos questionamentos iniciais e aprendemos alguns conceitos bem importantes. No Capítulo 3, analisamos algumas questões relacionadas à Lua — entendemos como alguém se envolve emocionalmente e se sente amado e querido ao nosso lado. No Capítulo 4, conhecemos a Vênus e passamos a compreender o que uma pessoa busca em um relacionamento, o que a faz se sentir bem em determinada companhia.

Neste capítulo, vamos descobrir a forma como funciona o método de conquista de cada um. Como uma pessoa demonstra que tem interesse em outra? Como ela age quando quer conquistar essa outra pessoa? O que desperta sua atração e faz com que ela a deseje? Essas respostas podem ser encontradas no planeta Marte.

O quarto planeta do Sistema Solar tem uma cor avermelhada, que é atribuída à concentração de óxido de ferro em toda a sua atmosfera — o mesmo composto que confere a coloração avermelhada ao sangue.

Marte apresenta uma superfície rochosa, com crateras que remetem a vales, desertos e vulcões. É o planeta onde se encontra o maior vulcão do Sistema Solar, chamado Monte Olimpo, com seus 22 mil metros de altura. Tempestades de areia são registradas com frequência e costumam cobrir a superfície do planeta de poeira.

Levando-se em conta a geologia de Marte, podemos compreender que sua representação em nosso mapa astral está relacionada à nossa capacidade de ir à luta e batalhar pelos nossos objetivos, independentemente das provações e dificuldades a serem enfrentadas ao longo da jornada.

A estrutura de Marte demonstra que dentro de nós existem vulcões em erupção — nossos desejos mais profundos e ardentes, munidos da crença na nossa capacidade de concretizá-los —, que nos conferem energia suficiente para não só nos levar na direção dos nossos objetivos como também a resistir, como uma rocha, às mais árduas provações.

Para os gregos — que o conheciam como Ares — e os romanos, Marte era um deus brutal, que despertava violência, incitava guerras e derramava sangue. Em todas as civilizações é considerado o símbolo da expressão da impulsividade sexual e do instinto de sobrevivência, além de estar ligado à autodefesa, à forma como vamos à luta e à maneira como nos defendemos.

A função de Marte em nosso mapa astral é nos incentivar a conquistar nossos objetivos, satisfazer nossos desejos e alcançar nossas metas, assim como lutar pelas pessoas por quem nos interessamos.

Quando uma pessoa desperta nossa atenção e passamos a desejá-la, nossa estratégia para conquistá-la e chamar a sua atenção se dá por meio do uso dos atributos do nosso Marte. É a nossa forma de lutar pela pessoa e pela relação em questão.

Por se tratar de um posicionamento assertivo, reflete a forma como nos posicionamos perante o outro e como tomamos nossas decisões para conquistar o que almejamos. Além disso, a localização de Marte no mapa astral demonstra como é a atitude de uma pessoa em relação ao sexo, o que a atrai e como ela vai se empenhar para que uma relação floresça.

Por fim, Marte também reflete aquilo que nos tira do sério e que pode nos levar a agir com agressividade. Quando — e se —, eventualmente, perdemos a cabeça diante de um conflito, há uma descompensação por meio das características do signo que está localizado em nosso Marte. Logo, conhecer o Marte de alguém é conhecer o que o irrita de verdade.

Marte nos signos do elemento fogo (Áries, Leão e Sagitário)

Aqueles com Marte nos signos do elemento fogo são ativos, imediatistas, impacientes e *egoicos*. Não esperam reciprocidade para demonstrar seu interesse, pois para eles é natural se lançar em busca do que ou quem desejam.

Costumam tomar a iniciativa e deixar os seus interesses bastante explícitos, pois não gostam de demorar a obter suas conquistas.

Sinceros, otimistas e explosivos, esses indivíduos se sentem atraídos por pessoas fortes, independentes, corajosas, aventureiras, que embarquem com eles em suas aventuras e não tenham medo de se arriscar e agir de maneira imprudente de vez em quando.

São donos da verdade e podem ter dificuldade de enxergar outros pontos de vista além dos próprios, sobretudo durante episódios de raiva.

Vamos ver como Marte se comporta em cada um dos signos do elemento fogo.

♈

■ Marte em Áries

Estamos falando de pessoas ligeiras, assertivas e objetivas — às vezes até demais. Não traçam planos nem elaboram estratégias: se querem algo, vão ser diretas e sinceras.

Ansiosas e apressadas, não titubeiam e têm iniciativa imediata para aquilo que querem. Individualistas, pensam pouco nas consequências dos seus atos. Preferem lidar com elas quando e *se* acontecerem. Não sofrem por antecipação.

Sexo para esse Marte é uma energia vital e está diretamente relacionado ao seu bom humor. Querem se divertir e curtir bons momentos, sem pensar muito no que aquilo pode significar depois.

Preferem dominar e estar no comando. São impacientes sexualmente. Não gostam de esperar nem de postergar. Gostam de inovar na relação para que ela nunca caia na rotina. Não gostam de jogos, lentidão e lero-lero, querem tudo e querem para já.

Por conta de sua impulsividade, podem assumir compromissos e optar por escolhas das quais, com certa frequência, se arrependem. Portanto, é importante esperar o tempo consolidar qualquer tipo de afeto ou compromisso com a pessoa que tem Marte em Áries e não forçá-la a nada. Ela vai ditar o ritmo do que está acontecendo — e esse ritmo costuma ser sempre acelerado.

Se estiver interessada em você, essa pessoa é capaz de encontrá-lo todos os dias. No entanto, se não houver interesse, você vai saber imediatamente, pois ela não é do tipo que ilude.

Embora não tenha o hábito de instigar brigas, a agressividade pode ser uma questão quando essa pessoa perde a cabeça (o que não é raro de acontecer), pois ela não costuma parar para pensar nas atitudes que toma nem nas palavras que diz. Com frequência se exalta e reage a agressões e provocações quase imediatamente.

Em geral, são pessoas que aparentam estar mais irritadas e bravas do que realmente estão, então não as leve tão a sério. Na grande maioria das vezes é apenas impaciência, e vai passar em alguns minutos.

Quem se relaciona com alguém com Marte em Áries recebe força para iniciar os seus projetos, confiar mais em si mesmo e se tornar mais corajoso diante dos desafios da vida. A urgência do outro o impulsiona a agir.

Desafios: deve-se ter cuidado para não agir com autoritarismo ou competitividade ao se relacionar com alguém com Marte em Áries.

Além disso, a impaciência e a grosseria eventuais desse Marte vão precisar ser relevadas. Também é necessário ajudá-lo a ponderar seus instintos, bem como a permanecer em determinadas atividades, pois tendem a se entediar com frequência e a buscar novos estímulos.

♌

■ Marte em Leão

Este é, sem dúvida, o Marte mais apaixonado de todo o zodíaco. Quando um indivíduo com Marte em Leão se interessa por alguém, faz essa pessoa se sentir a mais importante e única de todo o mundo. Não poupa esforços quando se trata de quem gosta; ama de modo dramático, teatral, em grande estilo e, por isso, sempre coloca grandes expectativas nos seus relacionamentos.

São pessoas carismáticas, engraçadas, românticas, sensíveis e criativas. Exalam confiança e têm brilho próprio. Amam presentear aqueles de quem realmente gostam e fazem de tudo para ser constantemente lembrados por eles. Quando apaixonados, se empenham muito em conquistar o outro.

O interesse de um indivíduo com Marte em Leão não oscila, e ele não desiste facilmente. A atenção do parceiro ou parceira o conquista. A sua paixão, o seu olhar de admiração, a forma como você demonstra gostar de algo relacionado a ele, por ser diferente de todas as outras pessoas, são coisas que vão deixá-lo encantado por você.

Dedica-se totalmente ao relacionamento e àqueles por quem está interessado. Ama a paixão e é movido por esse sentimento, portanto, está constantemente apaixonado, quer sentir o coração pulsar de desejo por algo ou alguém o tempo todo. Confia tanto no seu poder que não passa despercebido, e arranca suspiros por onde passa.

Esses indivíduos são muito intensos sexualmente e talvez sejam os mais constantes do zodíaco. São capazes de fazer amor por longas horas, e cada experiência para eles é única e memorável. Além disso, querem sempre surpreender o parceiro ou parceira com o seu desempenho.

Querem ser exaltados, elogiados, adorados e admirados durante o sexo. Não julgam nada que o parceiro ou parceira goste de fazer na cama, apenas desejam que sinta prazer — desde que isso os inclua, lógico. Gostam de seduzir: música romântica, rosas, luz de velas… Tudo para criar o clima ideal. Esse Marte quer olho no olho e curte um exibicionismo. São amantes ardentes, mas também são carinhosos, generosos e se empenham em agradar o outro.

Extremamente leais, não gostam de dividir a atenção de seus amores. Orgulhosos e possessivos, a rejeição os tira do sério, instigando-os a brigas dignas das telas de cinema quando se sentem ignorados ou menosprezados. Inclusive, narram a sua vida com tantos acontecimentos dramáticos que a sensação é de estar constantemente em um filme.

São pessoas que fazem de tudo por você, mas que vão exigir a sua devoção de volta. Entregam-se de corpo e alma, mas não aceitam traições. Não deixe de valorizar suas demonstrações de afeto — elas requerem total crédito por suas ações, considerando que sempre as fazem de coração.

É impossível não se lembrar de um Marte em Leão após se relacionar com um, pois ele se empenha para se tornar inesquecível. Provavelmente, até o término com essa pessoa será algo digno de ser lembrado e até mesmo comentado por toda a vida.

Quem se relaciona com alguém que tem Marte em Leão recebe um acréscimo de autoconfiança, criatividade e brilho próprio que parecem vir emanados deste indivíduo. Ele vai ensiná-lo a recuperar a fé em si mesmo e nos seus dons.

Desafios: há um risco ao se relacionar com esse Marte: caso ele venha a se sentir diminuído ou humilhado dentro do relacionamento, não vai reagir bem a isso — independentemente de ser uma simples rejeição cotidiana ou uma grande ofensa —, o que pode levá-lo a agir com arrogância e soberba.

Precisa trabalhar a humildade e a constante necessidade de validação pessoal dentro da relação para não projetar suas inseguranças pessoais no outro, que, inevitavelmente, vai acabar se sentindo sobrecarregado e pressionado a provar sua lealdade e admiração. Deve aprender a ter fé em si mesmo e a agir de forma generosa, sem esperar reconhecimento em troca.

▪ Marte em Sagitário

Quando se trata de Marte em Sagitário, temos a maior necessidade de aventura entre todos do zodíaco. A vida é uma experiência a ser vivida com toda a sua intensidade. Então, se você quer conquistar uma pessoa com esse Marte, se jogue e surpreenda. Chame-a para viver algo ao qual você tenha muita vontade, mas nunca teve a coragem necessária para realizar sozinho.

São indivíduos que se interessam por pessoas inteligentes e filosóficas, que discutam teorias sobre vida, religião, morte, política, segredos do Universo. Querem alguém com quem possam curtir tudo o que a vida tem a oferecer, mas que também os ajude a encontrar um sentido maior, um propósito de existir.

Exagerados e expansivos, apreciam e se sentem atraídos por bom humor e comentários ácidos. Querem impressionar com o seu conhecimento e com o quanto podem ser descolados e inteligentes ao mesmo tempo. São impulsivos e imediatistas sexualmente. Não gostam de monotonia.

Adoram compartilhar suas teorias, conquistas e viagens. Quando querem seduzir, se esforçam para mostrar que, ao lado deles, a sua vida vai ser uma experiência inesquecível, cheia de aventuras e surpresas pelo caminho.

Este Marte não é chegado a viver comedidamente: entregam-se de uma vez; mas costumam desejar uma continuidade dos relacionamentos que iniciam.

Monotonia, reclamações constantes, falta de propósito e crenças divergentes afastam as pessoas deste Marte.

São sarcásticas, debochadas; se fazem uma pergunta, querem logo uma resposta, mas nem sempre estão dispostas a ouvir opiniões divergentes das suas — simplesmente se recusam a tentar compreender outros pontos de vista e até mesmo onde cometem erros —, o que pode instigá-las a agir com intolerância com quem pensa diferente.

A pessoa que se relaciona com alguém que tem esse Marte tem a chance de expandir todo o seu universo de forma única: adquire experiências ligadas a aventura, espiritualidade, viagens, educação, bem como é inspirada pela concepção de um Marte em Sagitário de que há um propósito para tudo o que se enfrenta na vida.

Situações que, à primeira vista, pareciam distantes tornam-se possíveis após o contato com alguém de Marte em Sagitário, pois é alguém muito eficiente em traçar estratégias e auxiliar no alcance de metas que exigem conhecimento e uma grande dose de gana.

São pessoas excelentes em dar sentido às piores experiências e em deixar todo clima pesado mais leve.

Desafios: a principal dificuldade para quem se relaciona com alguém que tem Marte em Sagitário é o seu excesso de conhecimento, que o torna extremamente fechado e intolerante a tudo o que contraria suas crenças — e o conduz a impor suas crenças a outras pessoas. É necessário que se abra a novas ideias e diferentes alternativas, e, sobretudo, aprender a questionar suas certezas absolutas para não se tornar cansativo e impositivo.

Marte nos signos do elemento ar (Gêmeos, Libra e Aquário)

Aqueles com Marte nos signos do elemento ar se sentem atraídos principalmente pela companhia do outro. Necessitam constantemente de interação, e é isso que os cativa. A troca de ideias e o tempo que passam junto àqueles em quem estão interessados são o que despertam o seu desejo de cultivar um relacionamento com alguém. Em geral, evitam comportamentos impulsivos e preferem racionalizar a raiva.

Por se tratar de Marte no elemento ar, é importante salientar que essas pessoas têm uma forma diferente de encarar a sexualidade. Embora muito apreciem a conexão e o momento a dois, não são exatamente *sexuais*. No entanto, são perfeitamente capazes de se apaixonar por alguém, porque, junto com o outro, partilham ideias interessantes e ocasiões que as fazem sentir compreendidas.

Ao sair com uma pessoa, caso essa conexão mental ocorra, mesmo que nenhum tipo de interação física tenha acontecido, a noite vai ter sido perfeita em sua opinião.

♊

▪ Marte em Gêmeos

Quando se trata de pessoas com Marte em Gêmeos, o que desperta seus desejos, de fato, é a mente de alguém. Adoram compartilhar ideias, se envolver em bons debates e se apaixonam pela capacidade de alguém em expor o que pensa a respeito do mundo. O que, como e com qual tom opta por falar: tudo o que se relaciona à troca entre duas pessoas as excita.

Sentem-se atraídas por pessoas joviais, comunicativas, descoladas e inteligentes, que topem todas as suas ideias, dialoguem sobre qualquer assunto, riam de seus comentários feitos fora de hora (e, como não conseguem se conter, vai haver muitos).

Mais do que a atração física, essas pessoas se encantam com um bom papo e com tudo o que vem antes de um encontro. A mensagem, o telefonema, o jantar, a festa, tudo aquilo que pode se desdobrar desse encontro, também as encantam, visto que gostam de emendar programações. Adoram conversas sedutoras e diálogos que despertem a sua curiosidade.

Quando querem conquistar alguém, investem na argumentação e na lábia. Empenham-se em manter o contato e puxam papo sobre qualquer assunto, simplesmente para que possam se comunicar com o outro.

No que diz respeito à sexualidade, esse Marte precisa de interação, inclusive no momento do ato. Nada de silêncio. Inclusive, nada de monotonia: é válido mudar de posições e, de preferência, permitir que as mãos estejam livres, pois o toque é fundamental para essas pessoas. Preliminares são muito importantes, assim como tudo o que é dito ao pé do ouvido. O sexo oral costuma ser o preferido de quem tem esse Marte.

Desafios: quando se irritam — o que é raro —, normalmente se valem de agressões verbais. Não dão ouvidos ao outro e debocham do seu ponto de vista. Assumem uma atitude rude e até mesmo infantil, que os impossibilita de levar em consideração o que é dito pela outra pessoa.

Pode não haver gritaria, porque quem tem esse Marte não necessariamente precisa elevar o tom de voz durante uma briga (o que é mais comum de ocorrer entre os signos de fogo). No entanto, escolhem muito bem as palavras que vão usar, sendo extremamente sarcásticos ao colocar a outra pessoa "no seu devido lugar". É como se, numa discussão, fizessem parecer que o outro não enxerga coisas óbvias porque não é tão inteligente quanto pensa ser.

♎

▪ Marte em Libra

Quando se trata de pessoas com Marte em Libra, falamos daquelas que sentem necessidade de ter uma companhia que as equilibre. Românticas, apreciam bastante os momentos de intimidade a dois. Adoram se sentir bem e em harmonia com aqueles que amam.

São charmosas e galanteadoras, mas sempre sutis. Não vão poupar flertes com você, mas não o farão de modo escrachado. Você pode até ter dúvidas a respeito do investimento deles, pois são extremamente delicados com todas as pessoas.

A maior prova do interesse de quem tem Marte em Libra é que essa pessoa vai se esforçar para estar na companhia do outro. Quando deseja alguém, faz de tudo para estar próximo, topando qualquer pequena programação para passar tempo juntos.

Esses indivíduos se sentem atraídos por pessoas gentis, educadas, sorridentes e refinadas. Valorizam a beleza e o jeito de ser do outro. Apreciam o sorriso, os acessórios, os cuidados estéticos e o olhar do outro. Preferem a discrição à exposição, prezando pela boa música, pelo romance e pelas conversas inteligentes quando se encontram com alguém por quem tenham interesse. Gostam de progredir lentamente nos estágios do relacionamento, sempre de modo harmônico.

Não apreciam nada feito de modo assertivo e direto. Essa atitude não os excita. Preferem criar um clima: conversar, se aproximar, tocar, sentir o cheiro, dar as mãos e puxar para dançar.

Esse comportamento se reflete em sua sexualidade, já que, *mais do que todos os Martes em signo de ar*, é muito mais chegado ao encontro a dois do que à atividade sexual em si. Indivíduos com Marte em Libra são perfeitamente capazes de se sentir melhor e mais apaixonados depois de uma noite abraçados com quem amam do que de fato fazendo amor.

O sexo que os encanta é construído de pequenos toques, beijos e carícias. Isso pode ser frustrante para aqueles que são mais eróticos e possuem maior apetite sexual, pois aqui a interação com o outro é mais importante do que o prazer. Querem agradar e corresponder ao outro, mais do que a si mesmos.

Importam-se muito com a opinião alheia, então preferem agir de forma gradual para que todas as consequências de seus atos possam ser previstas. Não querem ser considerados injustos. Costumam se envolver em conflitos para defender pessoas que julgaram injustiçadas até mesmo mais do que para defender a si próprios.

Desafios: alguém com esse posicionamento de Marte dificilmente expressa raiva ou se desequilibra. Em geral, a agressão acontece de modo passivo ou dissimulado. Esse indivíduo pode agir propositalmente de maneira indiferente e provocativa quando está irritado, o que pode ser interpretado como ofensivo à outra pessoa, que, com frequência, vai reagir ao ataque.

Justamente por agir de modo passivo, é muito comum que este Marte se comporte como se não tivesse provocado o outro e expresse espanto pela sua instabilidade emocional. Afasta-se de quem o desequilibrou e, muitas vezes, evita o confronto direto.

■ Marte em Aquário

Quando se trata de quem tem Marte em Aquário, lidamos com pessoas que sentem necessidade de ser livres e independentes em seus relacionamentos. Quanto mais presas e limitadas se sentem, menos se interessam pelo outro e menos têm desejo de lutar por ele.

São inteligentes, intuitivas e perceptivas e se sentem atraídas por pessoas excêntricas, autênticas, livres e que não se preocupam em se encaixar socialmente ou seguir padrões sociais preestabelecidos. Desejam aquele que não segue regras e demonstra um aparente descaso ao que dizem ser o certo.

Esses indivíduos apreciam particularmente a amizade, portanto, preferem começar um relacionamento como amigos, encontrando pontos em comum e compartilhando interesses, de forma aparentemente despretensiosa. Romances e dramas não os atraem de cara.

A sexualidade é despertada pela mente. Sentem-se estimulados quando o outro se interessa pelas suas ideias e sentem prazer em passar horas debatendo pontos que consideram relevantes para a humanidade como um todo. Além disso, é importante que você não tenha amarras ou estabeleça tabus na relação sexual.

A intimidade é um espaço para que as diferenças sejam expostas e ambos se sintam livres para se expressar como realmente desejam. Preconceitos e julgamentos no âmbito sexual podem fazer a pessoa que tem esse Marte perder completamente o interesse.

Desafios: como nos referimos a alguém cuja mente está sempre a mil, a pessoa com Marte em Aquário pode parecer fria e distante dentro da relação, mas isso não necessariamente é verdade.

Quando esses indivíduos sentem que a conexão mental somada à amizade se desenvolveu, tornam-se extremamente leais àquela pessoa e vão dedicar seu tempo a ela muito mais do que a outras pessoas. No entanto, não se preocupam exatamente com questões emocionais.

Preferem demonstrar a segurança de que são amigos fiéis e que vão estar com você quando for realmente necessário mostrar preocupação com questões que podem considerar fúteis.

O respeito à individualidade deles é particularmente importante. São rebeldes e imprevisíveis, por isso, gostam que o outro reconheça sua necessidade de liberdade e isolamento de vez em quando, e leve isso para o lado pessoal.

Marte nos signos do elemento terra (Touro, Virgem e Capricórnio)

Todos os fatores são essenciais para esses indivíduos saberem se vão levar aquele projeto (ou aquele relacionamento) a sério ou não. Por isso, não têm pressa e não se importam em esperar uma ideia maturar antes de tomar qualquer atitude.

Precisam de pequenas e constantes confirmações de que estão seguros e de que o sentimento é recíproco. Não avançam sem esses sinais e não gostam de ser pressionados a dar passos maiores do que o que estabelecem como apropriado.

Quem se relaciona com alguém que tem esse Marte tem a oportunidade de aprender a direcionar uma abordagem mais prática para a vida e a focar em solucionar problemas concretos do dia a dia, formulando planos e metas reais para alcançar os resultados desejados.

♉

■ Marte em Touro

Quando se trata de Marte em Touro, temos o mais lento do zodíaco. Não espere rapidez e impulsividade desses indivíduos. Tudo é planejado e muito bem avaliado. Independentemente do que forem fazer, só o realizam após terem certeza de que aquele objetivo — ou aquela pessoa — vale mesmo a pena.

A meticulosidade é proporcional à sua disposição em investir naquele relacionamento. Não costumam voltar atrás ou desistir no meio do caminho e se sentem extremamente frustrados caso não concluam uma meta estabelecida.

Com os relacionamentos, trata-se da mesma dinâmica. Vão se comprometer seriamente com a pessoa que lhes despertar interesse, mas isso não significa que o relacionamento vá progredir de forma rápida.

Já na vida profissional, são calmos e centrados. Sentem-se atraídos por pessoas estáveis, trabalhadoras, que gostam de toques carinhosos, de fazer cafuné, de abraçar e de estar na companhia um do outro. Para esse Marte, o carinho é algo muito importante.

As sensações físicas os encantam muito. São atentos e seduzidos por tudo o que envolve os cinco sentidos: uma boa música, perfumes, cremes hidratantes, cabelos brilhantes, unhas bem-feitas, pequenas surpresas, como uma caixa de chocolate — tudo é notado e valorizado.

Gostam de dar presentes e são pacientes na hora da conquista. Preferem dar tempo ao tempo. Fazer pausas. Por vezes, afastam-se apenas para ter certeza de que a relação permanece a mesma.

Optam pela previsibilidade em todos os setores da vida, inclusive entre quatro paredes. Não costumam ser dos mais afeitos às inovações. Só aceitam se confiarem muito no parceiro ou parceira com quem estão se relacionando.

São extremamente físicos no sexo — querem tocar, abraçar, cheirar, apertar —, e curtem experiências sensoriais, como óleos de massagem ou acessórios com sabores para aproveitar o momento a dois.

Quem tem Marte em Touro oferece muita segurança, constância e estabilidade e não oscila em seus pensamentos e posições.

Desafios: a dificuldade de quem tem esse Marte é a sua resistência a mudanças e a pontos de vista divergentes dos seus. É preciso tempo e um grande esforço de convencimento. A teimosia e o apego a velhas formas de pensar e agir podem prejudicar seriamente uma relação, pois o(a) parceiro(a) pode ter a impressão de que está literalmente discutindo com uma pedra, de que o Marte em Touro não considerou uma palavra sequer dita em oposição à sua opinião.

♍

■ Marte em Virgem

Quando se trata de Marte em Virgem, estamos lidando com o mais detalhista de todos do zodíaco. São seres extremamente analíticos, observadores e atentos a tudo o que está acontecendo ao seu redor.

São tímidos, exigentes e perfeccionistas. Sentem-se inseguros para tomar qualquer atitude, pois exigem condições ideais para agir. Formulam hipóteses e prováveis consequências de todos os seus atos. Só agem quando acreditam ser a forma correta, do seu ponto de vista.

Comportam-se naturalmente na defensiva, pois tudo os preocupa. Todas as variáveis devem ser analisadas. Quando desejam conquistar alguém, não são rápidos nem superexpressivos: fazem pequenos gestos significativos para demonstrar o seu interesse e logo estabelecem uma rotina com essa pessoa.

Não gostam de desordem ou imprecisão. Vão analisar todas as situações do relacionamento para ter certeza de que estão no controle de tudo o que está acontecendo.

Observadores, fazem questão de mostrar que estão atentos aos detalhes do dia a dia, da programação e da agenda do outro e, sobretudo, que estão dispostos a ajudá-lo em tudo aquilo que for importante. São pessoas que gostam de ajudar e de se sentir úteis na vida daqueles que desejam conquistar. Querem ser indispensáveis e sempre presentes.

Sentem-se atraídos por pessoas inteligentes, reservadas, sensíveis, presentes, que chegam de mansinho, mas com firmeza e segurança. Gostam de programações especiais e de períodos que possam escapar da rotina.

No que diz respeito à sexualidade, gostam de sentir os detalhes da intimidade. São atentos e, por isso, demandam atenção completa. Observam todas as suas reações, pois estão dedicados a aprender como você "funciona".

Como são indivíduos que buscam padrões em tudo, querem entender como e onde, fisicamente, podem despertar sensações no outro. Gostam de toques lentos, de explorar cuidadosamente cada pedacinho do corpo de seu par.

Dedicados, almejam conhecer os desejos, as fantasias e os fetiches de seu parceiro ou sua parceira e não medem esforços para realizá-los, embora possam ter alguma resistência, a princípio, devido a questões internas de moralidade.

Quem se relaciona com esse Marte recebe uma dose extra de iniciativa para colocar a vida, a saúde, a rotina e tudo o que envolver a qualidade das atividades em ordem, obtendo sempre melhores resultados.

Desafios: o perigo com pessoas que têm esse Marte é o seu excesso de julgamento e crítica. Por avaliar as probabilidades de uma atitude e guardar certezas sobre o que é certo e o que é errado, são exigentes e podem cobrar muito do outro, censurando-o com frequência por coisas que acreditam que deveriam ter sido feitas de uma determinada forma, em determinado tempo, simplesmente porque decidiram que essa era a melhor opção.

Discordar delas vai exigir um grande esforço de sustentação de evidências e fatos que comprovem que você tinha razão, e não elas. Atentam-se ao menor dos erros e tudo pode se tornar um problema, pois a menor tarefa não cumprida ou o menor detalhe ignorado pode irritá-las profundamente.

São pessoas que precisam aprender a ser mais compreensivas consigo mesmas e com as demais, justamente para não perderem oportunidades pelo excesso de análise e crítica.

♑

■ Marte em Capricórnio

Quando se trata de Marte em Capricórnio, temos os indivíduos mais sérios de todo o zodíaco. Demonstram isso até na fisionomia centrada, fechada, fria e focada. São responsáveis, ocupados, comprometidos e disciplinados com seus objetivos. Detestam falhar e se culpam demais quando o resultado das suas ações não sai conforme o esperado.

São provedores naturais. Querem alguém de quem possam cuidar em todos os sentidos — física, financeira e emocionalmente —, pois o seu objetivo é construir uma vida inteira juntos.

Não se envolvem em nada por brincadeira ou para simplesmente passar o tempo. Têm o hábito de se cobrar a levar todos os projetos que iniciam até o final, visto que a desistência é encarada como sinal de fraqueza pessoal.

São extremamente centrados e obstinados em sua vida profissional e nas metas que desejam conquistar. Almejam o sucesso e o reconhecimento pelas suas realizações. Portanto, sua vida profissional vai influenciar todo o seu bem-estar e, se não estiverem bem profissionalmente, sentem-se desanimados e perdidos; tornam-se agressivos e irritadiços. Seu desejo e sua vontade de conquistar alguém ou um determinado objetivo aumentam gradativamente, conforme o tempo passa e os resultados se concretizam. São estratégicos e calculistas: medem todas as suas ações de acordo com o objetivo que pretendem alcançar, avaliando as possíveis consequências a longo prazo, pois detestam a sensação de arrependimento.

Preferem se relacionar com pessoas que podem oferecer perspectivas de ascensão de vida, pois não suportam perder tempo. Consideram tudo: status, classe social, vida financeira, tempo, disponibilidade, distância.

Sentem-se atraídos por pessoas igualmente responsáveis, firmes, sérias, obstinadas, reservadas e que priorizem a vida profissional. Comumente, encantam-se por pessoas mais velhas ou com quem compartilham o ambiente profissional.

São sensatos, educados, conservadores, românticos e, muitas vezes, parecem até antiquados, como se cultivassem hábitos amorosos de séculos passados.

Gostam de estar no controle de tudo, incluindo o amor e o sexo. A sexualidade melhora com o tempo e também conforme aumenta a segurança que o indivíduo de Marte em Capricórnio sente na relação, tornando-se um momento de extrema demonstração de carinho e do vínculo com o outro, pois é a união dos laços de compromisso que mais importa para ele: o compromisso emocional e material com alguém que está construindo, junto a ele, um futuro de sucesso.

Quem se relaciona com esse Marte passa a ter ao seu lado um grande sábio, que vai ajudá-lo a tomar as decisões mais sensatas e maduras diante dos desafios. Ele o auxilia a estruturar suas metas e a caminhar até o topo da montanha das suas ambições.

Desafios: defendem muito a sua honra e detestam ser expostos publicamente de maneira pejorativa. Fecham-se a qualquer sinal de rejeição, pois temem parecer fracos e vulneráveis. Querem estar sempre no controle, o que pode torná-los autoritários e dominadores.

Precisam aprender a respeitar o espaço daquele com quem se relacionam ao ajudá-lo e cuidar dele, pois podem tornar o parceiro ou parceira dependente e até mesmo infantil, gerando um sentimento de irritação no Marte em Capricórnio a longo prazo.

Marte nos signos do elemento água (Câncer, Escorpião e Peixes)

Quando desejam conquistar alguém, são extremamente acolhedores, querem cuidar, mimar e encantar essa pessoa na sua intimidade. São intuitivos e quase mediúnicos, conseguem sentir as necessidades das pessoas ao seu redor, sem que precisem falar delas.

Querem ser especiais para quem é objeto do seu interesse. Primeiro, em segredo, conhecendo tudo o que não está exposto e não se vê logo de cara nessa pessoa. Desejam um lugar especial na vida dela e vão lutar para sentir que os considera diferentes, que existe entre ambos um laço e uma conexão muito mais forte do que se pode perceber.

Sexualmente, querem fundir-se ao outro, sentir todas as emoções que há disponíveis no encontro a dois. A intensidade precisa sempre aumentar, e o vínculo, ser fortalecido, pois são desconfiados das intenções alheias.

♋

■ Marte em Câncer

Quem tem Marte em Câncer age movido pelos próprios sentimentos. São indivíduos que reagem a todas as emoções, o que os torna muito sensitivos e intuitivos, pois aprendem a basear os seus atos na sua capacidade de identificar a melhor decisão a partir dos sentimentos.

São maternais, cuidadores natos, administradores, sensíveis e extremamente acolhedores. Quando gostam de alguém, querem inserir a pessoa no seu círculo mais íntimo e até mesmo nos eventos de família — que, por sinal, são importantíssimos na sua vida.

Gostam de criar vínculos e anseiam por intimidade, ao passo que parecem sempre receosos de que alguém vá machucá-los. Podem conhecer alguém hoje e já se casar amanhã, porque acreditam totalmente no poder das conexões formadas.

Sentem-se atraídos por pessoas carinhosas, espontâneas, sensíveis e dedicadas à família. Quando querem conquistar alguém, não enxergam barreiras para o amor — pois já acham que amam, confundem todo desejo com amor — e podem ser bastante assertivos, pois não são bons em conter impulsos emocionais.

Se estiverem interessados em você, vão tentar estabelecer algum tipo de intimidade. Querem firmar uma relação especial, mais íntima e mais reservada do que as demais. Não querem se *distanciar*, desejam se *envolver* cada vez mais.

Para essas pessoas, a sexualidade deve ser vivida intensamente. Querem se entregar por inteiro à intimidade ou, caso se trate de uma relação casual, querem vivê-la ao máximo, envolvendo-se profundamente, mesmo que de maneira breve. Rendem-se por completo às emoções e podem se surpreender com a própria capacidade de seduzir o outro de forma sutil.

Quem se relaciona com alguém de Marte em Câncer aprende a valorizar as emoções e os sentimentos, além de ganhar um parceiro ou parceira extremamente protetor, que se preocupa em demonstrar afeto e declarar o seu amor, inclusive publicamente.

Desafios: são pessoas imediatistas, dramáticas e intensas, suas emoções vão de zero a cem em questão de segundos, o que as deixa sempre na defensiva e reativas a oscilações emocionais.

Precisam aprender a tirar um tempo para se estabilizar e para ponderar o que estão sentindo antes de tomar decisões, a fim de evitar atitudes infantis.

♏

■ Marte em Escorpião

Quem tem Marte no signo de Escorpião é instigado pelo medo. Quanto mais teme algo, mais o deseja. Quanto mais necessita se empenhar para conquistar, mais deseja. Aqueles que têm esse Marte são desconfiados de tudo o que vem de forma fácil e que se mostra muito disponível.

Quando se interessam por alguém, constroem uma conexão lentamente. Demonstram com sinais sutis, toques e muitos olhares.

Querem construir uma espécie de tensão sexual com o outro, deixá-lo totalmente envolvido e instigado com suas ações. São capazes de dissimular completamente suas intenções até conseguirem alcançar seus objetivos.

Podem parecer vulneráveis, mas tudo o que você sabe a respeito dos seus planos e dos seus sentimentos foi permitido por eles. Não querem perder o controle de si mesmos nunca, e se frustram quando se veem abalados pelas atitudes de alguém a quem dedicaram sua confiança e lealdade.

Não toleram enganos e traições. Preferem que você os deixe cientes de suas escapadas a que se passe por algo que não é. São muito poderosos e misteriosos.

São ótimos detetives e conseguem captar tudo o que não está sendo dito com facilidade. Reconhecem as intenções e a malícia dos outros.

Pessoas intensas e poderosas os atraem. Querem formar conexões secretas, trocar olhares e sinais não verbais que apenas vocês dois conhecem, sentir que ambos guardam informações e sentimentos que não precisam ser compartilhados, e são justamente esses segredos que os unem.

Energias sutis, que começam muito antes de qualquer aproximação física, é o que excita esse Marte; tentar descobrir o que está acontecendo entre vocês, ir decifrando as suas pistas.

São magnéticos e capazes de seduzir qualquer pessoa. Sexualmente, querem se entregar totalmente à relação, sem pudores ou tabus.

Têm a intenção de explorar tudo o que há disponível no sexo e aspiram se sentir profundamente desejados pelo outro. A tensão sexual precisa ser palpável e é sempre importante se lembrar de cultivar o desejo pelo proibido, pelo oculto e pelo secreto no âmbito sexual.

Desafios: costumam primeiro reagir a agir, e podem ter atitudes destrutivas. Não perdoam com facilidade quando se sentem traídos ou magoados. Espantam-se com a sua capacidade de reação às dores da vida, tanto para o bem quanto para o mal.

Podem ser impressionantemente regeneradores, na mesma medida em que podem destruir alguém, sem pudor, pois sua vulnerabilidade se volta em forma de vingança. Não atacam gratuitamente.

■ Marte em Peixes

Quem tem Marte em Peixes se sente atraído pela possibilidade de viver uma fantasia ao lado da pessoa que ama. São seres sensíveis, sonhadores, sutis e românticos; são suaves e lentos na aproximação, mas o fazem de modo bastante sedutor.

Sua atração se dá pela experiência de sair da realidade ao lado da pessoa que amam. Despertam a imaginação e investem no romantismo, utilizando-se de gestos delicados: deixam bilhetes, flores e pequenos agrados para que a pessoa por quem se interessam se sinta especial.

Demonstram total empenho em acolhê-la emocionalmente nos dias difíceis, embora passem a impressão de nunca estarem completamente presentes, pois parte de sua alma vive conectada ao subconsciente.

Assim como Marte em Aquário, aqueles com Marte em Peixes com frequência se aproximam do outro por meio de comportamentos amigáveis e que podem ser confundidos com falta de atração, mas não é necessariamente verdade. Tanto Peixes quanto Aquário mesclam amizade e amor nos mesmos conceitos de forma indissociável.

Criativos e perceptivos, sentem atração por pessoas sensíveis, misteriosas, justas, sonhadoras, espiritualizadas ou artistas.

Encantam-se por pessoas que precisam se sentir compreendidas ou acolhidas. São naturalmente empatas e entendem o outro com muita facilidade. Incentivam seu parceiro ou sua parceira a trabalhar suas falhas sem que se sinta mal por possuí-las.

São muito atentos aos aromas ao seu redor, apreciam uma boa dança a dois e adoram massagem. Idealistas e apaixonados pelo amor, sabem se aproximar fazendo o outro se sentir plenamente confortável em ser quem é e muito admirado.

A conquista de Marte em Peixes precisa ter um toque de mágica, pois essas pessoas adoram fantasiar e imaginar uma vida ao lado do outro. Sentem o seu astral e se baseiam nisso para progredir na conquista. Não são assertivos nem tomam a iniciativa rapidamente.

No que diz respeito à sexualidade, a lógica é a mesma. Ambos precisam embarcar em uma narrativa que os tire da realidade. A música, o ambiente e o clima importam muito, pois quem tem Marte em Peixes aprecia a sensação de ser "abduzido" junto com o seu amor por algumas horas do dia.

Quem tem alguém de Marte em Peixes na sua vida adquire um estímulo para voltar a criar, imaginar e sonhar. Ganha, também, a oportunidade de se ver de modo mais empático e generoso.

Desafios: precisam ter cuidado para não internalizar sentimentos de raiva e explodir emocionalmente. Tendem à vitimização e à fuga dos problemas, quando não estão se sentindo bem consigo mesmos. Precisam se sentir acolhidos tanto quanto acolhem, mas sem perder os limites da realidade.

Podem ter conflitos, entretanto, devido à extrema sensibilidade e à passividade de Marte em Peixes. Como não gostam de magoar aquele que amam, podem alimentar raiva e rancor nas situações em que o outro age contra a sua vontade e afastar-se da pessoa em quem têm interesse, como um mecanismo de defesa.

CAPÍTULO 6

LILITH

Até aqui, estudamos posicionamentos fundamentais para a compreensão da dinâmica dos nossos relacionamentos. Sol, Lua, Vênus e Marte formam um quarteto que nos aponta, basicamente, como *recebemos afeto*, o que *consideramos essencial*, como *nos relacionamos* e como *conquistamos aqueles que desejamos*.

Um bom trabalho de autoconhecimento poderia nos fornecer as mesmas informações, mas costumo dizer que o grande feito da astrologia é nos poupar tempo na busca de compreender a nós mesmos. Afinal, temos efetivamente um mapa a nosso respeito.

No entanto, existem partes de nós mesmos que nossa personalidade não seria capaz de revelar, ainda que passássemos muito tempo nos aprofundando nela. São desejos e medos ocultos, que estão conosco desde o período gestacional, absorvidos por experiências que vivenciamos e das quais não nos recordamos, e que continuam a influenciar as nossas relações.

Muitas vezes, embora a relação esteja aparentemente bem, sentimos que falta algo, como se alguma parte de nós não estivesse tendo suas demandas suficientemente supridas. O grande problema é que nem sempre compreendemos do que se trata, e não sabemos como explicar para o outro tais sentimentos.

Graças à astrologia, podemos compreender quais são os processos inconscientes que costumamos trazer à tona em nossos relacionamentos amorosos, quais desejos e medos podem aflorar e até as possíveis razões para algumas frustrações incompreendidas em relacionamentos passados. Tudo isso está relacionado à Lilith em nosso mapa astral.

Lilith não é um planeta, como Sol, Vênus ou Marte. Trata-se de um ponto virtual da órbita lunar, no qual a Lua se encontra o mais distante possível da Terra, chamado de exílio. Justamente por ser o ponto em que a Lua se encontra em exílio, Lilith foi escolhida para representar as emoções e os desejos que reprimimos e escondemos, muitas vezes até de nós mesmos, devido ao receio de sermos julgados.

O nome Lilith[4] tem como inspiração a figura mitológica mencionada em diversas civilizações, tais como os gregos, os hebreus e os babilônios. Lilith também é conhecida como "a primeira mulher de Adão" — antes mesmo de Eva. Entretanto, os relatos a seu respeito teriam sido removidos dos textos

---

[4] O registro mais antigo de Lilith está nas gravuras dos amuletos de Arslan Tash, relíquias que datam do século VII a.C. Historiadores acreditam que Lilith já fazia parte dos registros sumérios desde o terceiro milênio a.C., na "Epopeia de Gilgamesh", poema de 2100 a.C.

bíblicos por ela ter se insubordinado perante as leis de Deus a serem cumpridas pelos homens e também por ter abandonado o Paraíso por vontade própria. Por essas razões, Deus teria criado Eva, e isso explica as palavras de Adão: "Esta, sim, é osso dos meus ossos e carne da minha carne."[5]

A posição da Lilith em nosso mapa astral nos fornece informações preciosas acerca de nossos desejos mais profundos e de como podemos nos manter fiéis a eles. Também nos revela os desejos sexuais ocultos que possuímos, aquilo que desejamos na intimidade e não sabemos ou não expressamos ao nosso parceiro ou nossa parceira.

A posição da Lilith também nos aponta que tipo de características buscamos em nosso parceiro ou nossa parceira. No entanto, se serão positivas ou negativas, vai depender de como estamos com relação a nós mesmos, o que vai nos motivar a procurar bons parceiros ou parceiras ou relacionamentos que nos limitem e invalidem.

Lilith em signos do elemento fogo (Áries, Leão e Sagitário)

Os desejos mais profundos de Lilith em signos do elemento fogo têm relação com o reconhecimento da sua personali-

---

[5] A mitologia de Lilith chegou até mesmo à literatura e aos cinemas: em 1950, C. S. Lewis escreveu *As crônicas de Nárnia*, história em que a Feiticeira Branca — a vilã que tem por objetivo assassinar "os filhos de Adão e Eva" — é retratada como filha de Lilith.

dade, sua iniciativa, sua individualidade e sua voz dentro da relação.

Por isso, podem se interessar por parceiros ou parceiras de personalidade bastante forte e assertiva, ao mesmo tempo em que inconscientemente tentam comandar o relacionamento — já que temem perder o controle e, com isso, se colocar como alguém vulnerável em relação ao outro.

♈

Lilith em Áries
Desejos ocultos: independência; autonomia; assertividade; liberdade; autenticidade; força; raiva; coragem; agressividade.

A pessoa que tem Lilith no signo de Áries busca ser autêntica. Em algum momento da vida, foi obrigada a esconder sua agressividade e independência por pressão ou por medo de rejeição, o que a leva a agir, com frequência, de acordo com o que os outros desejam, em vez de fazer as próprias escolhas.

É importante que a pessoa recupere o poder de ser autêntica, independente e verdadeira em relação às suas reais vontades, restabelecendo a fé em si mesma. O parceiro ou a parceira da Lilith em Áries precisa estimulá-lo a ter iniciativa, coragem e força para alcançar os seus objetivos.

Quem possui Lilith em Áries sente atração por aqueles com uma personalidade marcante, que incentivem a autonomia e a vida vivida de maneira independente. Tende a se relacionar com parceiros ou parceiras mais combativos, fortes ou com algum aspecto de fogo presente em seu mapa astral.

Esta pessoa tem uma propensão a não demonstrar raiva por medo de rejeição, o que, com o tempo, pode se transformar em agressividade desmedida. Sua insatisfação vai se manifestar nos momentos em que sentir sua autonomia ameaçada e sua vontade tolhida dentro do relacionamento. Isso, somado à dificuldade em fazer escolhas por vontade própria e à esquiva de entrar em conflitos por receio de se posicionar, pode levar essa pessoa a pôr fim na relação.

Sua grande arma de sedução é a atitude. São indivíduos que costumam tomar a iniciativa e agir de forma assertiva e decidida com relação àqueles com quem desejam estar. Mostram-se corajosos e fortes, o que se torna cativante para o outro.

Sexualmente, preferem posições que lhes permita estar no comando ou exercendo controle sobre o parceiro ou parceira. Fantasias e fetiches relacionados à submissão, como o uso de algemas, são opções que pessoas com Lilith regida por Áries normalmente consideram atraentes.

Ω

Lilith em Leão

Desejos ocultos: admiração; validação; controle; reconhecimento; comando.

O indivíduo que tem Lilith em Leão sente necessidade constante de estar no comando do relacionamento. Esse posicionamento indica grande dificuldade em se submeter aos desejos do outro, o que o conduz a tentar impor sua vontade e seu ritmo ao parceiro ou à parceira.

Quando contrariados, sentem-se diminuídos; têm dificuldade em aceitar que o outro tenha opiniões diferentes das suas.

Em geral, necessitam de reconhecimento e almejam ser motivo de orgulho do pai ou da mãe, o que exige constante reafirmação a respeito do quão especiais são.

Autoritarismo, falta de liberdade e dependência emocional são pontos cruciais que podem causar rupturas nos seus relacionamentos. A insatisfação acontece sempre que essa Lilith sente seu comando ameaçado.

Quando não trabalha as próprias sombras — a dificuldade com a autoestima e a insegurança em ser quem é —, pode se tornar uma pessoa autoritária, egoísta e vaidosa. Sente atração por parceiros ou parceiras seguros, sedutores, orgulhosos e egocêntricos. De forma diversa, parceiros ou parceiras criativos, que naturalmente chamam atenção e demonstram paixão também a atraem.

A separação acontece sempre que a Lilith em Leão sente a autoestima diminuir e o brilho se apagar devido ao outro. A falta de reconhecimento no relacionamento a desaponta profundamente, bem como as críticas excessivas à sua personalidade.

A ferramenta de sedução dessa Lilith é a passionalidade. Entrega-se inteira e dedicadamente à pessoa de sua escolha, reafirmando constantemente o quanto ela é única e especial.

Sexualmente, gosta de estar no controle, mas também é sensível aos elogios ao seu desempenho, pois pode existir algum tipo de insegurança em relação a essa questão. Também é carinhosa e apaixonada durante o sexo, tendo como prioridade agradar o outro.

Lilith em Sagitário
Desejos ocultos: reconhecimento intelectual; liberdade de pensamento; inteligência; otimismo; bom humor.

Indivíduos com Lilith em Sagitário têm necessidade de sentir que o relacionamento é um campo de expansão da sua mente, bem como um espaço em que possa expressar livremente suas filosofias e ideias.

Em algum momento da vida, podem ter experimentado algum tipo de repressão de suas crenças; isso os torna, muitas vezes, dogmáticos e intolerantes a opiniões diferentes, por medo de suas ideias serem suprimidas novamente.

A falta de metas, objetivos para o futuro ou ambições além das materiais podem ser causas de rompimento no relacionamento.

Sentem-se atraídos por pessoas otimistas, inteligentes, bem-humoradas e de bem com a vida. De forma diversa, podem se interessar por indivíduos dominantes, intolerantes e prepotentes, que desrespeitem a sua sabedoria.

Sua principal ferramenta de sedução é a capacidade que têm de expor suas ideias, sua forma de pensar e a intensidade com que buscam concretizar seus projetos e realizar seus sonhos. O bom humor costuma ser uma marca registrada na conquista.

No âmbito sexual, querem ser surpreendidos e desejam sentir que são livres para realizar fantasias e fetiches. Também costumam ter predileção por aventuras e locais considerados perigosos.

Lilith em signos do elemento ar (Gêmeos, Libra e Aquário)

Os desejos mais profundos de Lilith em signos do elemento ar têm relação com o reconhecimento de sua inteligência, suas ideias e seus pensamentos.

Por isso, as pessoas que têm a Lilith nesses signos podem se sentir atraídas por indivíduos de personalidade jovial, comunicativa e sociável — já que temem inconscientemente perder a própria voz e liberdade na relação.

$$\mathrm{I\!I}$$

Lilith em Gêmeos
Desejos ocultos: compreensão; versatilidade; multiplicidade; inteligência; troca; intelectualidade.

Quem tem Lilith no signo de Gêmeos busca trocas intelectuais nos relacionamentos. Em algum momento da vida, pode ter se sentido socialmente reprimido, sofrido bullying ou ter tido a inteligência questionada e menosprezada. O resultado é a soberba intelectual como tentativa de disfarçar inseguranças.

Esses indivíduos sentem profunda necessidade de compreensão, o que muitas vezes os leva a relacionamentos em que acabam abrindo mão de sua personalidade em nome da aceitação e da preocupação com a opinião alheia.

As sombras dessa Lilith podem afetá-la, por exemplo, na capacidade de se comunicar no relacionamento, hipótese na qual a pessoa não se mostra à vontade para dizer o que sente e pensa verdadeiramente, por medo de uma possível rejeição ou abandono. Ao se libertar, aprende a expressar seus pontos de vista e suas opiniões.

Essas pessoas se sentem atraídas, muitas vezes, por indivíduos infantilizados, imaturos, fechados ao diálogo e infiéis à própria palavra. Da mesma forma, porém, pessoas inteligentes, sagazes, engraçadas e versáteis parecem conter um magnetismo especial.

A insatisfação surge quando essa Lilith sente sua inteligência desprestigiada ou quando o outro não mantém a palavra.

A ferramenta de conquista usada é a inteligência. Suas ideias e seus pensamentos parecem envolventes e a capacidade que tem de se expressar deixa outras pessoas profundamente atraídas e cativadas.

Durante o sexo, consideram a comunicação essencial. Desde as preliminares até o ato em si, para Lilith em Gêmeos aquilo que é dito e expresso durante a relação sexual precisa ser excitante. Nada de silêncio (mas também não precisa bancar o Galvão Bueno, ok? Risos).

♎

Lilith em Libra

Desejos ocultos: parceria; companheirismo; troca; sedução; harmonia; equilíbrio; reconhecimento.

Aqueles com Lilith em Libra tem a necessidade de se sentir apreciados e amados. São pessoas que tentam se moldar às relações sem desagradar o outro, exigindo de si mesmas uma grande perfeição. Costumam ter dificuldade em encontrar o meio-termo e tendem a tomar decisões extremas — ou tudo ou nada.

Como têm dificuldade com a assertividade, podem atrair pessoas manipuladoras e sentir relutância em se ver em um relacionamento saudável. São indivíduos um tanto dicotômicos: ou querem ser totalmente independentes, chegando a anular as vontades do parceiro ou parceira, ou se perdem na relação, a ponto de não reconhecerem mais o que é seu e o que é do outro.

Interessam-se, também, por indivíduos delicados, companheiros e equilibrados, que os ajudem a conservar a individualidade, sem deixar de se dedicar ao desenvolvimento da relação.

A insatisfação surge quando o parceiro ou parceira se torna rude, egoísta, indelicado ou grosseiro com essa Lilith.

As principais armas de sedução dessa Lilith são a atenção e o flerte. Enchem o parceiro ou parceira de elogios, carinhos e mimos. Vão tentar acompanhá-lo(a) nos programas mais diversos, simplesmente para estar na sua companhia, pela proximidade com o outro.

Sexualmente, apreciam mais a companhia em si do que a relação carnal propriamente dita. São estimuladas pela construção da sedução, que começa por uma boa conversa para quebrar o gelo e, aos poucos, vai evoluindo para algo mais. Nada de ser direto demais.

≈

Lilith em Aquário
Desejos ocultos: liberdade de pensamento; liberdade sexual; autenticidade; tolerância; amizade; compreensão; diálogo.

Quem tem Lilith no signo de Aquário sente a necessidade de liberdade no relacionamento. São pessoas com crenças inconscientes de rejeição e muitas vezes acreditam que sua personalidade pode torná-las deslocadas e incapazes de atrair o desejo de alguém.

Com certa frequência, tornam-se frias, intolerantes e distantes para, dessa forma, evitar o aprofundamento da relação, acreditando que são incapazes de compartilhar uma vida a dois.

Sentem atração por indivíduos inteligentes, amantes da liberdade e que valorizam a amizade como base do relacionamento, pois a constante troca de ideias é vital para essa Lilith. Para essas pessoas, a sedução está relacionada à forma como o outro enxerga questões humanitárias e tudo aquilo que envolve a coletividade.

De modo diverso, podem se interessar por parceiros ou parceiras intolerantes, antiquados, preconceituosos e dominadores, que as impedem de ser quem realmente são. O controle, o isolamento social, a intolerância, o ciúme e a falta de liberdade no relacionamento são as maiores causas de separação.

Suas armas de sedução são a amizade, a autenticidade e a liberalidade, inspirando fantasias no parceiro ou parceira, que pode finalmente se sentir à vontade para ser genuíno, sem medos e livre de tabus.

Sexualmente, são pessoas que gostam de inovar, sempre abertas a novas posições e locais diferentes. Quanto mais livre e desimpedido o outro se mostra, mais atraente se torna para essa Lilith.

Lilith em signos do elemento terra (Touro, Virgem e Capricórnio)

Os desejos mais profundos de Lilith em signos do elemento terra estão relacionados à segurança e à estabilidade, assentados no temor a mudanças e à escassez.

Por isso, podem se interessar por indivíduos cuja personalidade demonstre a destreza de cuidar de suas necessidades, nas quais o conflito financeiro normalmente está envolvido.

♉

Lilith em Touro

Desejos ocultos: segurança; estabilidade; independência e autonomia financeira; possessividade; dinheiro.

Quem tem Lilith no signo de Touro deseja obter segurança e estabilidade em um relacionamento. Em algum momento da vida, essa pessoa pode ter sido ensinada que segurança é sinônimo de posses e bens financeiros, por isso os aspectos monetários e afetivos frequentemente se misturam na relação.

Aqueles que têm essa Lilith podem presumir que a liberdade só vai ser alcançada quando estiverem financeiramente estáveis. Têm medo de depender de outra pessoa em qualquer sentido. Costumam se sentir atraídos por pessoas que tenham mais dinheiro ou pareçam capazes de cuidar deles em termos econômicos, o que muitas vezes os leva a relações de dependência financeira e possessividade. Da mesma forma, sentem-se profundamente atraídos por indivíduos sensíveis, afetuosos, emocionalmente constantes e focados na vida profissional.

Tendem a usar dinheiro e gastos como forma de obter afeto e de se sentir seguros emocionalmente. Precisam aprender a sentir segurança e conforto independentemente dos problemas externos.

Sua insatisfação vai se manifestar sempre que essa Lilith sentir que a segurança emocional e a independência material estão ameaçadas.

Sua grande arma de sedução está ligada à esfera física: toque, cheiro, sexo e cuidado material são fascinantes para o outro.

Sexualmente, sente-se atraída por tudo o que é orgânico e relacionado ao corpo do outro: o cheiro pós-banho, o suor durante o sexo, o toque dos dedos na pele, a sensação das mãos dadas e o beijo são afrodisíacos.

♍

Lilith em Virgem
Desejos ocultos: ordem; rotina; comprometimento; divisão de tarefas; rigidez; regras; acordos bem definidos.

Quem tem Lilith em Virgem sente a necessidade de ordem no relacionamento. São pessoas que gostam das coisas bem objetivas e das regras bem definidas. As pequenas tarefas do dia a dia e o seu comprometimento com o que é considerado simples e rotineiro a encantam.

Para a Lilith em Virgem é imprescindível compartilhar o cotidiano e dividir os afazeres corriqueiros. A falta de comunicação, a sobrecarga de obrigações no relacionamento, o excesso de críticas e a falta de transparência são questões que podem desencadear um rompimento.

Além disso, essa Lilith pode sentir dificuldade para expressar abertamente seus desejos sexuais, por conta de preconceitos internos com relação ao que desejam, como se julgassem ser algo errado.

Interessam-se por indivíduos rígidos e afeitos a regras. Podem receber críticas no relacionamento e projetar expectativas irreais de perfeccionismo no outro.

É importante trabalhar a compreensão das falhas — suas e daqueles ao redor — para superar esse ponto, pois o parceiro ou parceira pode sentir que nada parece bom o suficiente. De forma diversa, podem se interessar por indivíduos verdadeiros, comunicativos e organizados.

A ferramenta de conquista dessa Lilith é a participação em seu cotidiano. Fazem-se presentes e disponíveis para ajudar o outro a resolver todos os seus problemas.

Podem adotar uma postura dedicada na hora do sexo, visto que, para eles, o prazer do outro talvez seja ainda mais importante do que o próprio.

Além disso, os detalhes são extremamente importantes e todas as reações aos estímulos sexuais são percebidas por essa Lilith, que deseja aprender e aperfeiçoar seu desempenho a fim de aprofundar sua conexão com o parceiro ou parceira. É importante que o outro estimule sua liberdade sexual.

♑

Lilith em Capricórnio

Desejos ocultos: reconhecimento pelos seus méritos e talentos; compromisso; conquistas; responsabilidade; confiança.

Por alguma razão, podemos admitir que se trata de pessoas que foram desacreditadas em suas conquistas e em seus méritos. Elas sentem que, mesmo que alcancem tudo aquilo que desejam, não serão reconhecidas pelo seu valor. Correm o risco de estagnar devido à insegurança em lutar pelos seus objetivos.

Lilith em Capricórnio atrai-se por tudo aquilo que diz respeito ao comprometimento de alguém com suas conquistas e seu futuro profissional. É importante tomar cuidado para que a relação amorosa não interfira no profissional dessa pessoa, pois isso a desmotiva a permanecer na relação.

Capricórnio é profundamente ligado à capacidade de produção e ao reconhecimento dela proveniente. Nos relacionamentos, a frieza, o pessimismo e o excesso de exigências e críticas de ambos os lados são fatores de rompimento para a Lilith nesse signo.

A insatisfação surge sempre que essa pessoa sente sua independência profissional ameaçada, pois não tolera que interfiram nas suas responsabilidades.

Essa pessoa pode ter grande receio de não atingir o topo e pode não ter sido valorizada e admirada o suficiente em sua vida. Ela faz sempre mais do que deveria para alcançar esse reconhecimento.

A repressão está ligada, então, aos temores em torno da carreira e da falta de mérito e de consideração. São pessoas com enorme apreensão de não serem valorizadas e não receberem a atenção que julgam devida; podem sentir o desejo de controlar tudo à sua volta, assim como achar que o trabalho dos outros não é bom o suficiente e que *os outros precisam ser corrigidos*. Podem querer que tudo seja da forma como acham melhor. É importante que aprendam a aceitar o jeito das outras pessoas, e também que a sua maneira de agir não é necessariamente a melhor sempre. A autovalidação também é muito importante. O trabalho precisa ser realizado de forma criativa e intuitiva.

As repressões podem ter sido experimentadas na relação com o pai ou a mãe, com figuras de autoridade ou em algum ponto da carreira. Pessoas com essa Lilith detestam trabalhar em ambientes preconceituosos. Precisam ter verdadeira paixão por aquilo que fazem. Tradição, família e carreira têm grande relevância para essa pessoa. Como é muito esforçada e exigente consigo mesma, também pode ser com os outros, causando problemas nos relacionamentos, principalmente com a família e com as pessoas com quem vive na mesma casa.

O presente da Lilith nessa casa é a habilidade de perseverar. A pessoa é muito dedicada, trabalhadora e sempre oferece mais do que absorve para si. É alguém que se esforça para honrar o que diz.

Lilith em signos do elemento água (Câncer, Escorpião e Peixes)

Os desejos mais profundos de Lilith em signos do elemento água têm relação com o reconhecimento de suas necessidades emocionais. Por isso, as pessoas que possuem a Lilith nesses signos podem se sentir atraídas por indivíduos de personalidade sensível, emotiva, afetuosa, compreensiva e carinhosa — já que temem sentir solidão e desamparo.

♋

Lilith em Câncer

Desejos ocultos: afeto; pertencimento; carinho; cuidado; compreensão; emoção; sensibilidade; família.

Quem tem Lilith em Câncer sente a necessidade de cuidar e de ser cuidado. São pessoas que buscam se sentir acolhidas, pertencentes, como se o parceiro ou parceira já fizesse parte da sua família.

Em geral, os assuntos familiares se misturam aos do relacionamento e a opinião da família dessas pessoas tem grande peso nas suas decisões.

Interessam-se por indivíduos carinhosos, sensíveis e que valorizam a família. A sombra dessa Lilith reside na dependência emocional, pois existe um grande temor de que desagradar sua família possa trazer riscos inconcebíveis e situações terrivelmente assustadoras. Essa Lilith costuma pedir ajuda para tudo e têm dificuldade em compreender que não é mais criança e que é responsável pela própria vida.

Para superar esses medos, é importante que a pessoa ressignifique sua relação com o lar, aprendendo a dar passos maiores e a tomar decisões por si mesma.

Além disso, pode existir dificuldade em lidar com os sentimentos e com as emoções, reprimindo-as por medo de sentir demais. Pode ter sofrido com a ausência da figura materna ou paterna, assim como pode ter sofrido repressões emocionais.

A ferramenta de conquista dessa Lilith é o acolhimento. São pessoas naturalmente carinhosas, cuidadoras e sensíveis.

Sexualmente, gostam de intimidade, carinho e amor. Mesmo em relações casuais, gostam de fazer o parceiro ou parceira se sentir muito à vontade, com uma sensação de familiaridade que pode até ser confundida com amor. Portanto, vale ter cuidado ao interpretar a sexualidade dessa pessoa como expressão de sentimento, porque, apesar de carinhosa, não necessariamente ela está apaixonada.

♏

Lilith em Escorpião
Desejos ocultos: profundidade; intensidade; sexualidade; entrega; intimidade.

Quem tem Lilith em Escorpião sente a necessidade de se entregar completamente e cultivar a intimidade com o outro. São pessoas que desejam desvendar todos os segredos daqueles por quem se interessam e compartilhar novas histórias que vão ser o universo particular dos dois. Sentem-se traídas quando não são as primeiras a saber de algo importante a respeito do parceiro ou parceira e não toleram qualquer tipo de deslealdade, pois os afetos são vividos em toda a sua intensidade.

Essa pessoa pode ter passado por experiências difíceis desde o início da vida, como um luto muito cedo ou um grande trauma, pois teme profundamente o fim das coisas e tenta evitá-lo a todo custo — tornando-se, por vezes, emocionalmente dependente do outro, sentindo que, ao deixá-lo, vai perder tudo. Essa Lilith chega, então, às últimas consequências para conservar um relacionamento.

Pode atrair indivíduos controladores, possessivos e ciumentos quando não trabalha suas sombras. Mas também pode atrair indivíduos intensos e comprometidos com a construção da vida íntima.

Trabalhar essa Lilith requer o desenvolvimento de uma fé pela vida, que demonstre que as perdas também precisam ser aceitas e reconhecidas como parte necessária do caminho a ser trilhado, e não como uma dor terrível a ser evitada.

Para quem tem essa Lilith, as frustrações ocorrem sempre que há falta de intimidade e profundidade na relação, ausência de envolvimento sexual, bem como episódios de controle e ciúmes.

Suas grandes armas de sedução são o magnetismo e o mistério. Seu olhar e sua sutileza atraem o parceiro ou parceira, que deseja saber cada vez mais a respeito desse indivíduo, naturalmente reservado.

Sexualmente, são pessoas intensas e apreciam o aprofundamento da relação com o outro. Querem investigá-lo e desvendá-lo: descobrir novos prazeres e zonas erógenas, assim como tentar tudo aquilo que o parceiro ou parceira sempre desejou, mas não teve coragem de realizar.

Lilith em Peixes

Desejos ocultos: mistério; magia; encontro; conexão de alma; espiritualidade; confiança.

Quem tem Lilith em Peixes tem necessidade de confiar em algo ou alguém. São pessoas ligadas aos mistérios, ao ocultismo, aos segredos e à intuição.

Acham extremamente fascinante aquilo que não é dito, que fica apenas implícito: o clima, as fantasias, a imaginação, a dúvida, a sedução. São indivíduos reservados e fechados emocionalmente, mesmo que possam ser simpáticos à primeira vista. O passo a passo da conquista ocorre sem qualquer gesto que possa ser considerado invasivo, sempre de modo romântico, discreto e sutil.

Possuem o humor instável e muitas vezes entregam-se a fantasias destrutivas. As frustrações em não ter suas expectativas românticas atendidas, o desdém e a desconexão emocional são pontos de ruptura para quem tem Lilith nesse signo. Não toleram ser tratados com frieza e indiferença.

Existe um grande temor ligado à traição, o que traz uma constante sensação de falta de confiança no outro, quando, na verdade, desejam se entregar por completo à relação. É necessário trabalhar a compreensão da fé, da espiritualidade e da esperança, que vão fazer essa pessoa perder o medo de se abrir ao outro — medo mais fortemente demonstrado se ela já foi ferida em relações anteriores.

Podem se interessar por indivíduos sensíveis, românticos, artísticos e criativos. Se não estiverem bem emocionalmente, podem atrair indivíduos manipuladores, mentirosos e chantagistas.

Suas armas de sedução são a sutileza e a compreensão. São características que estão presentes em todos os momentos e vão fazer o parceiro ou parceira ter uma imagem mais empática e complacente de si mesmo.

Sexualmente, são intensos e apreciam a magia do encontro. Gostam do clima que envolve amar alguém: sonhar, idealizar, viajar nas sensações transmitidas pelo corpo do outro; são atraídos pelo ar de mistério.

CAPÍTULO 7

ENCONTRANDO A PESSOA CERTA

Como venho compartilhando com você ao longo deste livro, minha experiência e trajetória profissional dentro do universo da astrologia me levam a crer que as respostas para nossas questões existenciais e práticas, no que diz respeito ao amor e às nossas relações, podem ser encontradas nos posicionamentos astrológicos do Sol, da Lua, de Vênus, de Marte e de Lilith em nosso mapa astral.

Com isso, não pretendo afirmar que a astrologia vai solucionar todos os nossos dilemas e percalços em um relacionamento — até porque acredito que os únicos responsáveis por isso somos nós mesmos, na medida em que aprendemos a lidar com as nossas questões interiores —, mas, certamente, a astrologia poderá sinalizar pontos de convergência, fluidez e desafios em uma relação.

Para todos aqueles que estão dispostos a se entregar — porque o amor exige isso —, a astrologia vai aprofundar a qualidade e a experiência das suas relações.

Minha primeira experiência concreta com a astrologia aconteceu simultaneamente ao meu aprendizado, há muitos anos. (Você se lembra de que eu havia acabado de sair de um relacionamento, certo?) Naquela época, fiz os nossos mapas (o meu e o do meu ex-namorado) para estudar os posicionamentos de cada signo conforme eu absorvia esses conhecimentos.

Quando observei os padrões que estudava na prática comecei a compreender melhor o que poderia aprender com aquele relacionamento: quais foram os erros e acertos e, principalmente, o que eu buscava ali, o que me atraiu e que parte de mim estava agindo quando decidi mantê-lo — e, ao nos questionar sobre tudo isso, direcionamos nossa atenção para o papel transformador que cada encontro pode nos proporcionar.

Com o mapa astral das pessoas com quem nos relacionamos em mãos, podemos, inclusive, entender melhor a nosso respeito, tendo em vista que nos aproximamos de alguém por admirar determinadas características e criar certas expectativas que, quando analisadas, remetem muito mais às nossas necessidades, aos nossos desejos e às nossas carências emocionais do que, de fato, ao outro.

Ao entendermos por que sentimos que algo nos falta, podemos, nós mesmos, enquanto adultos responsáveis pelo próprio equilíbrio emocional, elaborar formas de suprir essa carência, para que não depositemos responsabilidades e expectativas irreais em nosso par.

Meu Sol está localizado no signo de Aquário, enquanto o meu ex-namorado — que vamos chamar pelo nome fictício de Renato — tem o Sol no signo de Escorpião.

Assim que o conheci, foi justamente o seu magnetismo e o seu jeito um tanto quanto misterioso que me atraíram. Todas as minhas amigas à época comentavam sobre o olhar dele, que parecia escanear a nossa alma. Hoje vejo que essas características eram realmente inerentes a Renato. São características de um Sol em Escorpião.

Como ele era naturalmente desconfiado, nossa aproximação foi gradual e repleta de receio por parte dele. Ao mesmo tempo em que desejava se conectar profundamente, tinha medo de se machucar caso esse tipo de relacionamento entre nós não desse certo.

Eu me lembro de uma das coisas entre as quais ele achava mais fascinantes ao meu respeito: minha capacidade de traçar raciocínios e de trazer assuntos interessantes para o debate, sempre com uma visão diferente, inovadora.

Além disso, ele sempre me achou muito espontânea e divertida. Como se eu não me importasse muito com o que os outros pensassem. Veja bem: ele enxergava o meu Sol em Aquário, a minha essência.

A Vênus de Renato estava localizada em Sagitário, assim como a minha, então tivemos uma identificação genuína, pois tínhamos gostos semelhantes e buscávamos coisas parecidas em um relacionamento; gostávamos de diversão, de aventura e de novos aprendizados, mas tudo com muita leveza.

Encaramos, inclusive — com tranquilidade —, um período em que precisamos nos relacionar à distância. Essa fase não causou danos ou sofrimentos, afinal, são duas Vênus que sabem amar sem a necessidade de presença física.

Vênus que estão posicionadas em signos de fogo e ar, em geral, não se importam tanto com a proximidade física, mas com a possibilidade de vivenciar experiências com a outra pessoa, seja da maneira que for: por meio de uma ligação, de uma chamada de vídeo ou mesmo por meio de mensagens de texto.

O que pode ser observado com certa frequência é que aqueles que possuem Sol, Vênus e Marte em signos de terra se incomodam mais quando não estão fisicamente próximos do outro.

Por exemplo, dois grandes amigos meus — Mayara e Alexandre — tinham um relacionamento incrível, mas, quando precisaram passar uma temporada em cidades diferentes, sofreram bastante. Mayara tem Sol e Vênus localizados no signo de Touro, Marte em Áries e Lilith em Capricórnio. Alexandre tem Sol em Câncer, Vênus em Virgem, Marte em Capricórnio e Lilith em Áries.

Eles me procuraram, preocupados, pois sentiam que sua relação estava por um fio e não entendiam o porquê. Ao observar os respectivos mapas astrais, perguntei a eles como vinham lidando com a questão do encontro físico. O casal me confidenciou que a carga de trabalho havia comprometido o tempo que tinham reservado para os encontros. Esse fato chateava Alexandre, que não tinha momentos de intimidade (Sol em Câncer!) com Mayara, e também a desagradava, porque ela sentia falta de contato físico e de encontros com o namorado (Vênus em Touro!).

Meu conselho aos dois foi que tornassem o tempo juntos um compromisso inadiável, ou seja, os encontros presenciais precisavam acontecer de qualquer jeito. Ambos sentiam grande necessidade de carinho, contato físico, proximidade e de atividades que pudessem fazer juntos.

A relação a distância, ao contrário do meu caso, seria completamente angustiante para eles se não fosse intercalada com momentos juntos — presencialmente. Se isso fosse de fato impossível, minha sugestão foi de que reservassem um tempo todos os dias para conversar, assistir a uma série simultaneamente ou qualquer coisa que os fizesse se sentir próximos um do outro, ainda que distantes, que não estivessem, de fato, juntos.

Isso não significa que os nativos de signos de fogo ou de signos de ar sejam indiferentes, frios ou distantes. Um dos meus relacionamentos mais significativos foi com um rapaz chamado Yago — também um nome fictício —, cujo Sol e Vênus estão localizados no signo de Aquário, Lua em Gêmeos e Marte em Libra — todos posicionados em signos de ar, ligados à mente, às conexões e às trocas. Além disso, sua Lilith se encontra em Leão: ele nutre o desejo de ser único e reconhecido pelos seus dons e talentos na relação.

Justamente por conta dessas características, Yago era sempre uma companhia incrível, disposta a encarar qualquer programa ao meu lado. Quem tem posicionamentos em signos de ar adora fazer companhia, lembra?

Outra particularidade que era muito própria dele era a necessidade de debatermos e compartilharmos nossas opiniões sobre absolutamente todos os assuntos. Ele me contava cada detalhe do seu dia, pedia minha opinião sobre tudo e compartilhava comigo seus grandes dilemas mentais.

Quando tivemos nossa primeira briga, a minha estratégia foi escrever cartas e textos, pois sabia que os argumentos seriam muito relevantes para fazê-lo reconsiderar a razão da nossa discussão.

Vale dizer que, quando brigávamos, ele se afastava e ficávamos sem nos falar por longos períodos — outra característica de quem tem posicionamentos em signos de ar, principalmente quando se trata da Lua.

Como as emoções estão intimamente associadas à mente, indivíduos desses signos podem ter muita dificuldade com conversas quando ficam chateados ou magoados, pois elas são reveladoras demais; é muito difícil conter o que estão sentindo, pois costumam exteriorizar os sentimentos por meio das palavras.

Voltando ao meu relacionamento com Yago, percebemos que Vênus, Marte e Lilith estavam localizados em dois elementos distintos em nosso mapa astral: ar e fogo. Isso significa que eu me impressionava com a habilidade dele de pensar, refletir, conversar e compartilhar, e ele se valia de características como companheirismo e parceria para me atrair, visto que são seus artifícios de sedução.

Tendo Lilith em Gêmeos, sempre vou achar incrível alguém tentar me seduzir pelas suas ideias, e com tanto elemento fogo, preciso de alguém que me faça pensar um pouco mais antes de agir de maneira impulsiva e precipitada.

Da mesma forma, ele se encantava pela minha coragem, energia, presença e pelo meu brilho pessoal, características típicas dos signos localizados no elemento fogo. Minha atitude e espontaneidade logo encantaram a sua Lilith em Leão e os seus posicionamentos em signos de ar agradeceram por ter alguém capaz de "acender um fósforo" em suas ideias, trazendo a iniciativa que faltava.

Por fim, uma das relações mais maduras que vivenciei foi com Caio (outro nome fictício) — Sol em Libra, Lua em Gêmeos, Marte em Capricórnio, Vênus em Escorpião e Lilith em Áries. Havia facilidade de troca e de conversa, e a forma como ele agia me fazia sentir emocionalmente segura, pois tenho Lua em Capricórnio, mesmo signo em que está localizado o seu Marte.

A profundidade da sua Vênus em Escorpião agradava minha Vênus em Sagitário, e sempre a convidava a ir mais fundo, explorar novos horizontes e viver novas aventuras. Nada disso era feito de forma agressiva, afinal, vinham de um Sol em Libra e uma Lua em Gêmeos, que optavam por resolver qualquer situação partindo de uma conversa.

Com a Lilith em Áries, meus posicionamentos em fogo faziam Caio se sentir profundamente atraído, pois desejava e admirava a independência e a coragem desse elemento. Graças ao nosso relacionamento, ele tomou várias decisões importantes, que antes não tomava por medo. Eu aprendi a ponderar e sempre tentar olhar cada situação a partir de um ponto de vista mais maduro e empático.

Observe que em nenhum momento fiz qualquer associação dos mapas que analisei com algum adjetivo de qualidade, como bom ou mau. Apenas investiguei como cada um se comportava no relacionamento, as características que atraíram um ao outro e como cada um se mostrava no relacionamento. A minha opinião é que não há um mapa mais ou menos compatível e não há um mapa com o qual seja impossível se conectar.

Acredito que todos os nossos encontros são necessários e essenciais para o nosso desenvolvimento. Quando nos relacionamos com alguém, projetamos todas as características que demonstram nossa melhor versão. Aquela que consideramos "ideal".

O outro vai reconhecê-las e admirá-las, inconscientemente desejando retê-las. Se você se mostrar ao outro como alguém forte e inabalável, vai atrair um parceiro ou parceira que sente que precisa ser forte e inabalável também, e você poderá ter inspiração ou apoio em momentos de falha.

Quando nos relacionamos, estabelecemos uma espécie de pacto de sobrevivência com a pessoa por quem nos apaixonamos. Unimos a imagem ideal que o outro transparece com as nossas expectativas a seu respeito e acreditamos fielmente que tudo ocorrerá conforme nossa mente é capaz de prever.

Com o tempo e a aproximação, porém, ambos passam a mostrar sua verdadeira versão, nem sempre forte e inteligente, mas também cansada, frustrada e desanimada. Isso inevitavelmente gera um impacto na relação, e é necessário nos dedicar a compreender as limitações — não só as do outro, como, naturalmente, as nossas.

Se deixarmos de tentar compreender quem o outro de fato é, nos concentrando apenas no que corresponde à nossa idealização, acabamos por nos distanciar cada vez mais dele. É nesse momento que passamos a esconder pequenas coisas e até mesmo sentimentos um do outro, a comunicação se torna um conjunto de manipulações, indiretas e comentários subentendidos com o único objetivo de analisar a reação do outro.

O meu objetivo com este livro, portanto, é que você o utilize como um manual para se aprofundar em si mesmo e no outro nas seguintes situações: quando a relação se iniciar, de modo a conquistá-lo; quando a relação se estabelecer, para continuar compreendendo as dificuldades e o prazer de se relacionar; e quando o relacionamento terminar, para que você possa assimilar quem foi e o que aprendeu com aqueles com quem se relacionou.

Não acredito, todavia, que este livro se destine apenas a relacionamentos. Além de nos relacionar com a pessoa certa, precisamos aprender a ser a pessoa certa para nós mesmos. Precisamos entender quais são os nossos gostos e desejos, as nossas vontades e limitações. É importante que também nos conheçamos para avaliar o que sentimos que nos falta e, assim, saibamos como preencher esse espaço.

Por vezes, o receio de nós mesmos, de nos conhecer e de mergulhar em nossos defeitos e nossas qualidades nos leva a entrar em qualquer tipo de relacionamento. Há um medo terrível da solidão que nos acomete quando perdemos a referência de completude que possuímos e acreditamos que existimos apenas em função do outro.

A primeira pessoa certa é *você mesmo*, por isso é necessário que se dedique a compreender a si próprio para que suas relações e toda a sua vida reflitam a sua essência e façam com que se sinta, de fato, completo.

O conhecimento da pessoa certa a partir da astrologia vai ser capaz de abrir novos interesses, dons que estavam escondidos, objetivos antes esquecidos e sonhos considerados impossíveis de se realizar. Essas respostas estavam dentro de você, o tempo todo.

Quanto mais investir em conhecê-las, mais atento vai estar a tudo o que acontece como parte de um propósito espiritual, que tem como objetivo o seu crescimento e sua evolução. Todos aqueles ao seu redor passam a ser figurantes de um projeto maior e essenciais ao roteiro da sua vida.

Podemos deixá-los chegar e também ir com alegria e serenidade de terem cumprido, independentemente da forma como o fizeram, seu propósito em nossa vida.

Isso naturalmente vai nos fazer encarar nos olhos aqueles que amamos, com liberdade e afeto para permitir que nos revelem sua história e para que possamos acolhê-los a partir do que soubermos a seu respeito.

A busca pela pessoa certa, o seu encontro e a sua permanência passam a ter um significado muito mais profundo, belo e simbólico, porque se trata de um encontro espiritual, destinado a acontecer, que vai sempre deixar a marca de algo importante e transformador.

Na realidade, tudo isso já aconteceu na sua vida, ou está acontecendo neste exato momento. Espero, portanto, que ter adquirido alguns desses conhecimentos possibilite que você sinta um novo ânimo com a oportunidade de estar vivo, aprender, compartilhar e conhecer novas pessoas.

Espero que você tenha renovado a sua fé no amor, nas diferenças e no olhar empático para o outro. Que a sua busca continue, pois estamos no meio da jornada para aprimorar, por meio dos encontros com outros, a mais bela obra divina: nós mesmos.

SOBRE A AUTORA

Virgínia Rodrigues é astróloga, advogada criminalista e analista não verbal. Especializou-se em astrologia a partir de seus estudos realizados no Brasil, em Portugal e em Los Angeles, nos Estados Unidos, e passou a enxergá-la de uma maneira moderna, trazendo diversos temas de interseção com a psicologia, psicanálise, espiritualidade e análise não verbal, de modo a compreender profundamente a alma humana. *A pessoa certa* é seu primeiro livro.

Visite suas redes em:

@rodriguesvirginia

@rodrigues.virginia

@Virginiareals

Este livro foi composto na tipografia
Minion Pro em corpo 11,5/17, e impresso
em papel off-white no Sistema Cameron da
Divisão Gráfica da Editora Record.